Estrelinhas

Como colocar crianças na carreira artística

Margareth Libardi

Estrelinhas

Como colocar crianças na carreira artística

MATRIX

Direitos em língua portuguesa para o Brasil:
Matrix Editora - Tel. (11) 3868-2863
atendimento@matrixeditora.com.br
www.matrixeditora.com.br

Diretor editorial
Paulo Tadeu

Capa, projeto gráfico e diagramação
Alexandre Santiago

Revisão
Adriana Wrege
Silvia Parollo

Dados Internacionais de Catalogação na Publicação (CIP)
SINDICATO NACIONAL DOS EDITORES DE LIVROS, RJ.

Libardi, Margareth, 1967-
Estrelinhas : como colocar crianças na carreira artística / Margareth Libardi. - 1. ed. - São Paulo : Matrix, 2013.

1. Crianças artistas. 2. Manequins - Orientação profissional. 3. Crianças - Formação. 4. Responsabilidade dos pais. I. Título.

13-02175 CDD: 700.83
CDU: 7.071-053.2

Sumário

Prefácio

A Meg [Margareth Libardi] me é muito querida e a admiro muito pelo seu talento, sua garra, seu profissionalismo, mas principalmente pela sua alma boa e por seu enorme coração. Quando ela me pediu que escrevesse um prefácio para este livro, comecei a vasculhar em minha memória qual teria sido minha primeira experiência como diretor de artistas mirins. Comecei minha carreira no cinema publicitário com 20 e poucos anos, mas recordei-me de um episódio muito anterior que viria a me marcar por muito tempo.

Gosto de televisão e cinema desde que me considero gente. Com 5 ou 6 anos, construía "projetores" feitos de caixas de sapato, uma lâmpada comum e uma lupa velha para assistir a desenhos "animados" que eu próprio criava. Na boa e velha Invictus que ocupava lugar de destaque na nossa sala, assistia incansavelmente à precária programação da época, deliciando-me com inesquecíveis filmes e seriados. Eu simplesmente idolatrava os astros infantis nesses filmes, como a Shirley Temple em tantos filmes fantasiosos. Mas de quem eu mais gostava e com quem me identificava eram o "Cabo Rusty", em Rin Tin Tin; ou o "Timmy", da série *Lassie*. Eu tinha uma inveja danada deles, porque além de aparecerem na televisão, tinham cachorros que eram mais inteligentes do que a maioria dos meus amiguinhos, enquanto o meu vira-lata Rex era (ou se fazia de) um completo idiota.

Levou algum tempo para eu perceber que tudo aquilo que eu via na telinha em preto e branco não era de verdade, mas tudo encenação. Em um processo deflagrado por uma promoção de um creme dental em que "filhotes da Lassie" eram sorteados, acabei descobrindo que era tudo de mentirinha... Aprendi que os cães da TV eram treinados por profissionais, que havia na verdade várias Lassies e Rin Tin Tins, que não pertenciam de fato ao Timmy e ao Rusty, respectivamente, que por sua vez nem existiam de verdade, mas eram atores que memorizavam falas, ações e expressões.

Para mim, era um novo conceito – crianças FINGINDO ser o que não eram, era quase um pecado, uma vez que a mentira, em minha casa, era passível de severas punições. Mas como aparentemente esse tipo de "mentira" não se enquadrava nos dogmas familiares como algo repreensível, decidi entrar para o universo da televisão e "dirigir" algumas cenas, aproveitando meu cachorro burro e meus vizinhos de muro para alguns ensaios.

Pois foi com uns 8 anos de idade que comecei a ter noção das dificuldades de lidar com crianças em um "set de filmagens". Ainda bem que não havia vídeo ou filme para perpetuar aquelas cenas; não ajudaria muito em meu currículo... Muitos anos depois, já atuando como diretor profissional, talvez traumatizado com minhas frustradas experiências nessa área durante a minha pré-adolescência, confesso que sempre procurei evitar projetos que envolvessem crianças. Por algum motivo, porém, quanto mais eu rezava, mais assombração me aparecia! Tinha a impressão de que todos os filmes do mercado envolvendo crianças vinham parar na minha mão. Claro que não podia rejeitar trabalhos por causa da dificuldade que eu sentia, mas ela era mesmo enorme; não tinha muita paciência para aguentar birras, manhas, choros, pais e mães insensíveis e com egos mais inflados do que o Zepellin. Eu via uma criança de 3 anos, ou mesmo um bebê, apenas como um profissional que estava ali para trabalhar e sendo pago por isso. Os pais não tinham o direito de fazer com que o mundo girasse em torno de seu filho, deixando toda uma produção e profissionais caríssimos à disposição de sua boa vontade e humor.

Tudo isso mudou de repente. Nasceu minha filha, Gabriela. Como em um passe de mágica, aos 27 anos eu "entendi". Caiu a ficha. Do dia para a noite, mudei minha forma de enxergar uma criança, como se através de um efeito "*à la Matrix*" eu tivesse aprendido um novo código, uma nova língua, uma nova maneira de me comunicar com aqueles frágeis seres humanos. Dessa verdadeira revelação, adveio a tolerância, a paciência, novas e eficientes artimanhas e técnicas para conseguir a reação desejada, o respeito aos horários das crianças, a noção de que só se obtém o resultado desejado se elas estiverem felizes, confortáveis, seguras, sentindo-se em casa.

Dois anos depois da Gabriela, nasceu o Caio, o que acrescentou ainda mais ferramentas para o meu trabalho nos mais de mil filmes que dirigi de lá para cá, envolvendo artistas mirins.

Acho que essa bagagem me credencia a dar um conselho aos pais que têm ou pretendem ter filhos atuando nesse meio: tenham certeza de que eles QUEREM fazer isso, que sentem real prazer em participar de uma sessão de fotos ou filmagem ou desfilar numa passarela; que têm vocação e talento para seguir esse caminho. Também estabeleçam um limite de até que ponto um diretor ou um fotógrafo podem ir para conseguir o que desejam ou necessitam. Não exponham – seja por vaidade, seja por se sentirem comprometidos – as crianças a situações que possam trazer consequências negativas para o resto de suas vidas. Elas precisam estar se divertindo, buscando sua própria satisfação, e não a de seus pais. Só assim poderão fazer desse meio uma carreira ou trazer dele uma boa memória, sem traumas, frustrações nem decepções.

Lembrem-se: a publicidade, a televisão, o cinema e a moda PRECISAM de seus filhos. A recíproca, via de regra, não é verdadeira.

Wellington Amaral *é um dos mais respeitados e aclamados diretores publicitários do Brasil, tendo dirigido mais de 2.500 comerciais em sua carreira e merecido os mais cobiçados prêmios da propaganda, incluindo vários Leões de Ouro em Cannes.*

Introdução

O mercado publicitário é unânime ao afirmar que crianças vendem bem em comerciais. Os pequenos que participam de campanhas publicitárias conquistam o público, cativam e fazem vender milhões, bilhões de produtos e serviços no mundo inteiro. Tudo pelo encantamento que criam até no sujeito mais insensível que encontram pela frente.

A participação de crianças em campanhas publicitárias e outros trabalhos que as caracterizam como modelos não começou agora. Podemos conferir crianças em séculos passados sendo retratadas em quadros de artistas plásticos. No século XX, campanhas como a da Johnson & Johnson, criando os "bebês Johnson" como personagens do nosso dia a dia, tornaram-se bem marcantes. Esses profissionais superjovens marcaram a mente dos consumidores com uma beleza conquistadora e um carisma inigualável.

Qual é a mãe que não gostaria de ver seu filho na tela da TV, seja num comercial, numa novela ou num programa infantil? Sonho grande, sonho gostoso esse de mãe! Aliás, o sonho começa com a gestação. Grávida, a futura mamãe já sonha em aparecer em fotos de moda para gestantes ou participar de desfiles exibindo a bela barriga. E até existe mercado para essas modelos tão especiais. Quando o bebê nasce, muitas mães já estão pensando no fotógrafo que vai fazer o primeiro *book* da criança. Exagero meu? De jeito nenhum. Já recebi e-mails de mães que desejam lançar, literalmente, suas crianças no mundo da fama, assim que nascem. A maioria não realiza o desejo porque não sabe como. E, depois que crescem um pouco, algumas crianças demonstram um desejo próprio de trabalhar nessa área. Se a família não souber como, acaba deixando a criança frustrada. Para ajudar nessa tarefa, decidi esclarecer as principais questões que impedem papais e mamães de colocar seus filhos no mundo artístico. Certamente, uns vão ficar por pouco tempo e outros vão seguir esse caminho até se tornarem adultos. De qualquer forma, ficarei feliz em saber que pude ajudar as crianças e suas famílias a realizar esses sonhos de alguma forma.

Artista mirim: profissão ou brincadeira?

Pode soar estranho se alguém falar que um bebê de 8 meses tem uma profissão, mas é quase isso. Quando a criança é maiorzinha, dá para dizer que é profissional mesmo. Pelo menos os produtores de elenco, agentes, diretores de novela, publicitários, fotógrafos e outros profissionais da área enxergam dessa maneira. É uma profissão que em alguns momentos parece brincadeira, mas precisa ser encarada com seriedade.

Não dá para brincar de trabalhar com uma equipe que está administrando um alto orçamento de marketing de uma marca de fraldas, por exemplo. O modelo ou o ator que foi escolhido para participar de um filme publicitário precisa ser tão profissional quanto o diretor do comercial, mesmo que tenha 3 anos de idade.

Obviamente, é um tipo de profissionalismo diferente. Quando falamos de crianças, pensamos de outra forma. Quanto menores as crianças, menor a sua capacidade de escolha pela profissão e menor a consciência do que estão fazendo. Até certa idade, essa é uma decisão tomada pelo responsável, em geral pela mãe ou pelo pai.

E o profissionalismo é transmitido para o responsável. De que adianta uma bela criança cheia de talentos, mas que destrói o cenário de um comercial em uma hora de gravação? Parece exagero, mas atendi uma criança em meu escritório que quase me deixou de cabelos em pé em apenas duas horas. Enquanto eu conversava com sua mãe, ela rabiscou a mesa, rasgou alguns cartões de visita, deixou a torneira aberta, cortou a mão na parede, quase quebrou um copo, correu bastante num espaço de 30 m^2 e interrompeu a nossa conversa várias vezes. Foi um desafio grande para mim, que gosto muito de crianças. Imagine essa criança diante de um diretor bravo, não muito disponível para "brincadeiras". Essa pequena artista pode ser despedida. Nesse caso, o modelo mirim precisa ser controlado por quem se responsabiliza por ele naquele momento.

O mundo dos negócios não é um mundo de faz de conta. É um mundo real, com profissionais adultos que contratam crianças para determinados trabalhos. E essas crianças precisam corresponder às expectativas dos adultos para que o resultado do trabalho seja perfeito, seja num desfile de moda ou numa gravação para o cinema.

Por outro lado, quem trabalha com criança deve estar apto para isso. Muitas vezes os contratantes buscam no artista mirim um miniadulto, um profissional, ao mesmo tempo em que desejam que a criança aja de acordo com a idade dela. É um paradoxo. O ideal é o equilíbrio: crianças que realmente gostem do que fazem, que tenham prazer nesse tipo de trabalho, encontrando adultos que saibam lidar com elas. Juliano Barone, diretor teatral e ator, dá sua opinião: "Se queremos trabalhar com crianças de idades diversas, temos que aprender a recuperar nossa infância ou juventude interior para compreender as necessidades desses 'atores mirins'. Devemos nos aproximar da criança em todos os sentidos e não fazê-la chegar às nossas exigências. O tempo, a vontade, o entendimento e principalmente a noção do trabalho são outros. Devemos oferecer um ambiente que esteja de acordo com ela. Num filme que dirigi, um menino tinha que ficar lambuzado e não quis fazer a cena. Para ele achar isso natural e aceitar, sugeri que a equipe do filme se lambuzasse. Todo mundo brincou até o menino querer fazer o mesmo". É nesse clima de brincadeira que se extrai o melhor da criança. A atriz e fotógrafa Samantha Dalsoglio diz que adorava os dias de gravação: "Eu me sentia como se estivesse numa festinha de aniversário, pois tinha sempre uma mesa de doces e muitos amiguinhos para brincar".

Os melhores diretores carregam uma boa dose de psicologia e criatividade. Julio Xavier conta o segredo que o tornou conhecido como um ótimo diretor de filmes publicitários com crianças: "Eu transformo o set em *playground*, busco descontrair, brincar, eu me sento junto com eles. Se eu não usar esses recursos e pedir para a criança repetir as cenas, fica 'boring' e sai tudo meio 'mecânico'. Chega uma hora que ela não quer e já começa a pedir para ir ao banheiro, para tomar água etc. O clima de brincadeira é importante: tem que ser lúdico. Também procuro saber do que a criança mais gosta, qual o seu sonho, o que ela gostaria de ter. (Meus assistentes, no dia anterior à filmagem, entram em contato com os pais e procuram saber dos gostos e preferências das crianças.) Prometo que se ela fizer a cena mais uma vez, terá uma surpresa. Quando dirigi o comercial da Valisere, com a Patrícia Lucchesi, eu perguntei sobre o que ela mais gostaria de ter. Muito romântica e ingênua, a atriz mirim falou que era uma caixinha de música, daquelas em que você dá corda e quando abre a tampa revela-se uma bailarina dançando. Foi o seu presente ao término da filmagem, que transcorreu sem problemas. Depois de adulta, já com filho, ela foi ao programa da Luciana Gimenez e contou que ainda guardava essa caixinha".

Os gêmeos Davi e Tomás brincam com a babá e a mamãe enquanto a equipe de produção da campanha da Mon Bijou prepara a luz do estúdio.

Foto de Margareth Libardi

É uma delícia!

- Passar nos testes
- Trabalhar se divertindo
- Viajar para lugares maravilhosos sem gastar nada
- Ganhar dinheiro
- Receber elogios pelo trabalho bem-feito
- Glamour/status para quem dá certo
- Ganhar reconhecimento do público, mesmo que seja só a família

É uma chatice!

- Perceber que esse não é o seu caminho
- Esperar, esperar, esperar. Haja paciência!
- Levar "não" várias vezes
- Pagar a viagem para fazer um teste fora da cidade e não passar

Quem sonha com a fama? A criança ou a família?

Depende. Enquanto a criança ainda não tem consciência do que se passa ao redor dela, quase todos os familiares sonham em ver o novo ser da família estampando uma capa de revista. O orgulho chega e bate na porta da mãe, do pai, do avô, da avó, da tia, do tio, e até da madrinha e do padrinho. Esse desejo cresce, fica exacerbado e eles buscam realizá-lo de alguma forma. Todos incentivam. É comum ver parentes que ajudam a criança a entrar no mercado. Tios que fazem o agenciamento, avós que pagam o book, levam a criança ao teste e tudo o mais. Muitas vezes, nem é preciso seguir a carreira para fazê-los felizes. Basta uma aparição na mídia e todos ficam satisfeitos. Nesse caso, a intenção é guardar aquele acontecimento como recordação, como um troféu, e ter uma história de sucesso para contar durante toda a vida. "Sabia que meu filho foi capa da revista *X* quando tinha 6 meses?". Esse é o grande prazer.

E assim muitas gestantes incluem a fama entre seus desejos. Elas tentam uma oportunidade até a última semana de gravidez. Depois entram em contato com as agências avisando que o bebê nasceu. Chegam a enviar fotos da criança no hospital, com os olhinhos ainda sem definição, do primeiro banho etc.

Isso acontece com frequência.

Na era do celular com câmera, sempre tem alguém disposto a me mostrar a foto do filho para eu dizer se ele tem futuro.

A mãe de Ana fala dos seus desejos para a filha, que com apenas 3 anos já havia participado de alguns concursos de beleza: "A minha expectativa é marcar de alguma forma algo que no futuro será sempre lembrado por ela, independentemente da profissão que vá escolher. Por ser muito pequena, não tem uma perfeita noção do que significa tudo isso. Para ela, tudo é festa! Vestir-se com roupas bonitas a deixa muito feliz. Receber uma coroa tem o mesmo significado de ser uma princesinha, daquelas dos contos de fadas. Ela é muito doce e obediente. Tudo isso mexe um pouco com o meu ego, pois sou muito coruja. Jamais imaginei que teria uma filha que fizesse tanto sucesso em todo lugar em que passasse. Só quem presencia pode entender. Sei que um dia tudo vai passar, mas enquanto não passa ela vive esse sonho, desde que não seja demasiadamente dispendioso para a nossa família".

Em outros casos, a família deseja que a criança se torne profissional de qualquer jeito e, muitas vezes, que siga a carreira até a fase adulta. Isso pode se tornar negativo quando a criança não deseja isso para ela mesma.

Meus filhos faziam curso de interpretação numa agência e eu presenciei uma cena que me deixou bastante chocada. Uma menina chegou, muito aborrecida, acompanhada pela mãe para ser matriculada no tal curso. A mãe começou a ser ríspida com ela, querendo matriculá-la naquele momento e obrigando-a a participar da aula. O pessoal da agência foi muito ético e pediu à mãe que não forçasse a filha a fazer a aula, orientando-as a voltar para casa e conversar melhor sobre isso. A mulher contou que havia se separado do marido naquela manhã e que sua filha tinha que trabalhar em comerciais. As crianças não devem se tornar artistas como solução para os problemas familiares, e sim por desejo próprio. É por causa do talento e da vocação que as autoridades permitem o trabalho artístico mirim. Outros casos não são amparados pela lei nem apoiados pela sociedade.

O incentivo da família é importante, caso a criança queira realmente participar do mercado ou não seja afetada de forma negativa. O problema é que até certa idade os pequenos não sabem bem o que querem e algumas famílias estão mais interessadas no dinheiro que vão ganhar através das crianças do que no bem-estar delas, influenciando-as. Como diz o agente Dell Santhos, é uma situação forçada. Ele reflete: "Esses pais elogiam os filhos, mas na verdade estão preocupados em levantar uma graninha. Há crianças que dizem querer ser artistas e logo depois desistem, contando para mim que elas não querem isso de verdade".

Se a criança não se identifica com esse universo, não vai obter resultados tão bons. Algumas agridem as mães, fazem careta ou mostram a língua diante da câmera. Para a atriz e fotógrafa Samantha Dalsoglio, essa é uma forma de mostrar que não querem fazer aquilo. O diretor de filmes publicitários Wellington Amaral diz: "Enfrentei essas situações diversas vezes, em que nitidamente percebe-se que a criança enfrenta um conflito interno, que envolve a necessidade de agradar os pais *versus* o pavor de desapontá-los, sem falar no medo de se envergonhar perante desconhecidos. O mecanismo de que a mente lança mão para enfrentar isso é a rebeldia, possibilitando à criança uma válvula de escape para a tensão acumulada e ao mesmo tempo enviando uma mensagem clara de desconforto. Daí esse comportamento".

Há também familiares que nunca desejaram que a criança seguisse a carreira artística. Aurora, filha do publicitário Alexandre Cruz, participou de um videoclipe quando tinha 2 anos. Ele enfatiza: "Sou contra colocar criança para trabalhar, a não ser que ela queira. Acho que criança tem é que brincar. Concordei que a minha filha participasse porque ela estava acompanhada por mim e pela mãe. Além disso, foi uma cena simples, curta e rápida de filmar".

Com a família apoiando ou não, há criança que vai crescendo e manifesta a vontade de ser artista, de brilhar na TV, nos palcos, nas revistas. Se não é por influência da própria família, é por se espelhar em revistas, programas de TV, histórias de sucesso com pequenos artistas e assim por diante. Dessa forma, o sucesso vem com mais naturalidade, pois, se o artista mirim está empenhado naquilo que se propõe a fazer, haverá muito mais chance de se destacar nessa área. Há crianças que chegam a impressionar de tanto que gostam de desfilar ou posar. Parece que nasceram para isso, demonstrando prazer em exercer a atividade artística. A fotógrafa Samantha fala da filha de uma atriz: "Com apenas 1 ano, durante a sessão fotográfica, ela piscava, sorria, mandava beijos, sem ninguém pedir ou impor; tinha um carisma natural. Um talento nato. Em um mês, fez quatro comerciais".

As meninas costumam sonhar com o lado brilhante da carreira. Desejam se tornar estrelas, ter uma vida glamorosa, conquistar o príncipe encantado com sua beleza e sua fama, ser cortejadas por todos, e assim por diante. A ex-atriz mirim Alessandra Libardi lembra: "Minha mãe só começou a procurar uma agência para mim porque eu insisti. Eu achava lindo ver as meninas na TV e no teatro".

Os meninos costumam ser mais práticos e objetivos. Se não tiverem o lado artístico aguçado, não conseguem se realizar nessa área.

O ideal é que a criança e a família tenham esse desejo, pois os pequenos dependem dos adultos para se locomover, para ir aos testes e trabalhos. Se o responsável é contra essa ideia ou não tem tempo disponível para isso, a criança vai ter que esperar crescer para seguir a carreira artística.

> O filme *Pequena Miss Sunshine* (2006) mostra de forma exagerada a realidade. Quem não vive no meio artístico pode achar um pouco absurdo, mas acontecem coisas parecidas na vida real. Ali só há uma espécie de lente de aumento. Uma produtora diz: "Às vezes a menina quer tanto brilhar que a família inteira se mobiliza, sai da cidade pra levar, larga o trabalho, passa um perrengue, porque é o sonho da menina".

Espelho dos Sonhos

Ao longo dos anos, meu site – Assunto de Modelo – já recebeu inúmeros e-mails de pais, tios, mães, irmãos, avós que desejam ver seus pequenos familiares tornarem-se artistas. Aqui, seguem alguns exemplos das mensagens recebidas que refletem os sonhos das famílias.

> Minha filha é loira natural, tem 5 anos e o cabelo dela bate na cintura. Ela é muito fofa e quer fazer algum trabalho. Pode ser gratuito.

> Tenho uma filha que é muito <u>preciosa</u> e queria fazer um curso de modelo.

Olá, galera. De tanto minhas amigas e família argumentarem sobre meu garoto ser fotogênico e pimentinha, estou enviando sem compromisso algumas fotos do meu filho. Sei que ele é lindo, mas a opinião de mãe não é válida. Caso vocês tenham interesse, deixo nosso perfil [A mãe deixou vários dados como nome, apelido, altura, peso etc.] Também sei que nem sempre é dessa forma que se entra em contato, mas não custa tentar!

Comportamento: pimentinha, mas carinhoso.

Idade: 4 anos.

Tenho um filho de 12 anos lindo, maravilhoso. Sua beleza é exuberante. Quero saber de uma escola para modelos dessa idade. Não sei nada do assunto. As pessoas falam para eu inscrevê-lo em uma escola para modelos.

Tenho uma filha linda e talentosa e gostaria de saber como fazer com que ela cresça no meio artístico.

Preciso saber como faço para colocar meu filho em uma agência. Ele é loiro, tem olhos azuis, pele branca e tem 1 ano e 2 meses. Eu garanto que ele tem pose para ser profissional.

Olá, eu tenho um bebê que tem 6 meses e é muito fotogênico. Gostaria de enviar as fotos dele para vocês.

Gostaria de uma indicação de agência idônea em Porto Alegre, pois tenho uma filha de 17 meses que adora tirar fotos e fazer poses. E gostaria de colocá-la em uma agência.

Tenho duas filhas: uma de 9 e outra de 2 anos. Não sou pai tão coruja, mas tenho certeza de que tenho a futura Maísa – a apresentadora mirim contratada pelo SBT –, por sua descontração e seu jeito comunicativo. Ela só precisa de oportunidade.

Nos deem uma oportunidade!

Gostaria muito que meu filho seguisse a carreira de ator e de modelo mirim. Acho que ele leva jeito, pois é muito bonito e fotogênico. Desde pequeno, ele adora fazer poses para que as pessoas tirem fotos dele. Nunca o levei a uma agência e espero que vocês me deem uma chance! Por favor, me enviem um e-mail, dizendo-me os procedimentos que tenho que tomar.

Como faço pra colocar minha sobrinha de 6 meses na fama? Ela é linda e o meu sonho é que ela seja uma modelo.

Tenho uma filha que é um doce. Fez curso de modelo, adora desfilar, vive fazendo pose e sonha em se ver na TV. Como posso realizar esse sonho?

Tenho uma sobrinha de 4 anos, falante, extrovertida, inteligente, de cabelos longos e loiros e que adora fazer poses para fotos. O que devo fazer para iniciá-la na carreira de modelo?

Queria saber como faço para preparar a minha sobrinha para ser modelo e manequim. Menina linda, cabocla de cabelos lisos, despojada e simpática, 9 anos.

Se podemos sonhar, também
podemos tornar nossos sonhos realidade.

(Walt Disney)

Perfil de artista mirim

Até uma determinada idade, os trabalhos de modelo e ator mirim se confundem. Um bebê participa de filme no cinema, mas ele não interpreta, não fala, não atende às ordens do diretor, entre outras coisas.

Bebês precisam ser carismáticos, risonhos, alegres, calmos, meigos, brincalhões; não devem estranhar ninguém; não devem chorar à toa, assustar-se à toa com pessoas e barulhos fortes. Ser esperto também é bom.

As crianças maiores devem ter muita segurança da sua capacidade, vencer qualquer traço de timidez que as acompanhe, gostar de aprender coisas novas e ter facilidade para isso.

O perfil solicitado varia conforme o trabalho. Para trabalhar como modelo, elas precisam ter uma beleza cativante, charme e ritmo para caminhar na passarela; ginga e criatividade para fazer poses irreverentes. A agente gaúcha Vera Souza opina: "Na moda, sobressaem crianças belas, com dentes perfeitos, com atitude *fashion*".

Para trabalhos de interpretação, os atores mirins precisam ter naturalidade para passar verdade por meio de seus personagens, ser extrovertidos, expressivos, desinibidos, ter boa memória para decorar os textos, ter sensibilidade, disciplina, paciência, respeito pela equipe, criatividade, boa comunicabilidade, inteligência, entre outros fatores. São os mais soltos e talentosos que brilham nos comerciais e na dramaturgia.

Uma carinha de criança travessa pode ser um diferencial e levar ao sucesso. O que o cliente deseja? Essa é a pergunta *x*. Um dos comerciais mais criativos do mundo é sobre o uso de preservativos e mostra um menino fazendo muito escândalo no supermercado por querer levar vários produtos enquanto o pai se mostra arrependido por não estar preparado para lidar com aquela situação. O ator mirim nem precisava ser tão belo, mas deveria interpretar perfeitamente um menino mimado e descontrolado. Berros, caras e bocas e muita expressão corporal eram fundamentais para esse trabalho.

Os produtores de elenco contam sobre o perfil desejado nos atores mirins. É bom que a criança seja bem natural, espoleta, que brinque, que não vá para um teste com a responsabilidade de um trabalho e sim para se divertir, para mostrar o que é ser criança. Mas eles destacam a diferença entre a criança espoleta e a criança hiperativa de verdade. Nesse último caso, não dá pra ter controle sobre a criança, não há o que fazer. Torna-se problemático.

Já a criança **tímida** é mais difícil de ser contratada porque "trava", o que atrapalha o andamento do trabalho. Quando isso acontece, é possível que a mãe tente forçar a criança a fazer algo que não quer. Não dá certo. A timidez pode até funcionar, mas é rara uma situação assim. O mais viável em alguns trabalhos é a criança quieta, calminha. Foi o caso de um comercial de sabão em pó em que o menino – de 3 anos – precisava ficar deitado no chão, beijando um fantoche em forma de bichinho. A criança quase não podia se mexer.

Como toda regra tem exceção, uma criança um pouco tímida pode até se sair melhor que a espoleta durante o trabalho. A agente Ieda Ribeiro, que já fez muita produção de elenco para telenovelas, afirma que esses clientes gostam de criança quieta, que não dá trabalho. "Se for levada demais, é quase impossível para fazer novela, pois passa meses trabalhando com a mesma equipe. É diferente de fazer um comercial e ir embora".

Se a criança tem todas as qualidades que os clientes querem dos artistas infantis, todos vão adorar trabalhar com ela. Perfeito!

As agências sérias e honestas são muito éticas, mas isso pode incomodar os pais num primeiro momento. Se a criança não tem o perfil desejado pela agência e esta é clara quanto a esse aspecto, há quem fique indignado e se revolte, sem entender por que se recusaram a agenciar seu filho. Esse é um dos motivos que levam as agências a só fazerem contato quando aprovam a criança. Se não houver aprovação, não costumam responder. É mais ético não enganar a pessoa do que dizer que a criança é perfeita para a agência quando não é. Você gostaria que uma agência cobrasse taxa de agenciamento, cobrasse para fazer o book e até por um curso e a criança nunca trabalhasse? Nem fosse a um único teste? Isso, sim, pareceria picaretagem. E muitos pais acabam caindo em armadilhas por causa de um orgulho que não lhes permite ver a realidade.

Segundo os profissionais do mercado, é grande a quantidade de pais que não conseguem ver as limitações dos filhos. O amor e o orgulho funcionam como uma venda nos olhos.

Mas **a beleza e a perfeição** nem sempre são requisitos fundamentais, como a maioria pensa. Uma criança talentosa e diferente ou até mesmo sem nenhuma beleza pode ser a escolhida para um determinado trabalho. Para agentes que trabalham com atores e tipos, é bom ter crianças diferentes, com vários perfis. Os produtores de elenco chegam a solicitar para eles crianças que aparentam ter menos recursos financeiros, com dente cariado, desnutridas, maltratadas, sem traços bonitos. Se o agente não tem o perfil cadastrado no elenco, sugerem que busquem até mesmo na favela. Isso é comum em campanhas do governo ou em qualquer campanha que precise de um perfil mais popular. O agente Dell Santhos comenta: "Num desses comerciais, com características de documentário, o papel era de uma criança que morava perto do rio e estava comendo algo, como se ali não houvesse cuidados com limpeza".

No teatro, a perfeição dos traços do rosto geralmente tem menor importância. O diretor teatral Ivan Martins diz: "Mesmo para o papel de princesa, é muito mais importante a atriz passar a alma da personagem do que ser extremamente bela. As possibilidades são amplas, pois fazemos uma adaptação das características do ator ao seu personagem. Para ajudar, há a caracterização, que inclui adereços, figurino e maquiagem. Posso fazer uma roupa com enchimento para uma criança magra fazer papel de gordinha". Para Ivan, não existe defeito, existem características. Um ator pode se diferenciar justamente por ter um nariz grande, enquanto nas passarelas se busca uma beleza perfeita.

Na publicidade isso também acontece. Nem sempre os artistas mirins possuem uma beleza clássica, podendo fugir dos padrões estéticos estabelecidos pela mídia. Há comerciais que têm o objetivo de passar a mensagem de que todos devem ser aceitos, que saúde é o mais importante na vida das pessoas, como o comercial de uma rede de farmácias em que o tema era "Ser Criança". Apareciam dezenas de atores mirins, de todos os perfis, especialmente os mais rejeitados pela publicidade, incluindo os gordinhos. E belíssimo foi um comercial da Dove, dentro da campanha pela real beleza. Com a intenção de levantar a autoestima das crianças, foram contratadas atrizes mirins com perfis diferenciados para mostrar que todos precisam estar de bem com a vida, tendo sardas, cabelos encaracolados, sem alguns dentes ou usando óculos.

Eventualmente, as crianças portadoras da Síndrome de Down também ganham espaço. Para o calendário do grupo Happy Down, formado por famílias de portadores da síndrome, elas foram clicadas por Serapião, que comenta: "Foi muito emocionante e muito mais fácil do que nós imaginávamos. Eles são especiais e muito carinhosos". Joana Mocarzel, também portadora da síndrome, encantou o público na novela *Páginas da Vida*, da TV Globo. De outro lado, a Casa Hope – instituição que cuida de crianças com câncer – usa seus pacientes mirins como modelos em suas campanhas. Cada uma delas exibe seu problema de saúde em fotos de bom gosto, longe do sensacionalismo. É para emocionar mesmo.

Há agentes que defendem as minorias no universo dos artistas mirins. Incentivam o trabalho para crianças negras, ruivas, gordinhas, sem dentes e com aparelho, que sofriam preconceito em épocas anteriores. Houve até quem agenciasse crianças especiais, com Síndrome de Down. Uma agente do Rio de Janeiro disse que a sua iniciativa tinha o objetivo de acabar com o preconceito existente. "O espaço era pequeno para esses artistas mirins. Quando éramos solicitados para um casting, eu apresentava essas crianças e mostrava aos clientes que elas são crianças, independente da aparência. Se você monta uma grife em que seu público é constituído por todos esses perfis, por que essas crianças não podem subir numa passarela para desfilar? Então passei a lutar para que dessem oportunidades para elas. E consegui fazer com que alguns clientes concordassem com meu pensamento". Graças a iniciativas assim, há grandes clientes que contratam crianças com perfis menos requisitados. A agente só lamenta o fato de que alguns clientes esquecem o lado humano e passam a explorar isso apenas como oportunidade de ganhar mais dinheiro.

Há casos em que o produtor de elenco quer contratar uma **família de verdade**, incluindo mães e seus filhos reais, para participação em trabalhos como campanhas publicitárias, fotos de banco de imagem, ou para ilustrar matérias em revistas. Nem sempre todos são modelos ou atores. Às vezes, o pai ou a mãe é modelo e surge a oportunidade para a criança e vice-versa. Isso acontece constantemente com os famosos, mas também é muito comum entre os modelos não reconhecidos pelo grande público. Cada vez mais, buscam-se famílias reais para comerciais. Virou tendência. Nessas situações, não necessariamente todos são belíssimos.

Na opinião de muitos produtores de comerciais, o **olhar** da criança é um ponto importante. Segundo eles, se a criança tem o olhar meio

A fotógrafa Priscila Ferreira fez uma homenagem ao Dia Internacional da Síndrome de Down, em 21 de março, sorteando um book para uma criança com a síndrome. Enrique Benevides venceu e suas fotos tiveram no Facebook 105 compartilhamentos, mais de 160 curtidas e mais de 3.500 visualizações.

Foto de Priscila Ferreira

caidinho, triste, não funciona muito na publicidade, que vende sonhos. Eles querem ver que a criança é alegre, feliz. Precisa ter um brilho no olhar ou um olhar doce, penetrante. Num teste, a equipe se encantou pelo olhar de uma menina e ela foi aprovada para fazer o trabalho.

Outra grande qualidade da criança é a sua **espontaneidade**, sua naturalidade. Manter o jeito de criança é importante. Os produtores de elenco apontam como um problema o fato de os pais "treinarem" seus filhos, dizendo que é preciso cumprimentar, agradar bastante o pessoal que vai contratá-los. Uma agente dizia: "Acabam fazendo coisas que uma criança normalmente não faz. Falam "oi", dão beijo, parecendo robozinhos. Isso não é natural. E muitos pais superestimulam a inteligência da criança para que nos impressionem. O QI alto é raro, mas os pais querem que seus filhos sejam especiais, diferentes, os melhores". Alguns diretores publicitários e outros profissionais dessa área, quando veem uma criança muito esperta, que fala muito bem, meio adultinha, perguntam – brincando – se é uma criança ou um anão. Outros falam que é uma "criança monstra".

Além da aparência, é preciso ter uma **estrutura** razoável para fazer sucesso. Dinheiro para se locomover, para investir em cursos, para o book, além de ter uma forma de comunicação fácil. O agente Dell Santhos recorda: "Para uma campanha, tive que buscar um menino com um perfil que eu não tinha no elenco. Encontrei um garoto muito pobre, que catava papelão e latinhas. Ele fez o teste e passou. Seu comportamento foi perfeito durante o teste e durante a foto, mas depois foi muito difícil continuar agenciando-o por causa da falta de estrutura. Seus pais moravam num barraco, mas estavam sempre se mudando e não tinham telefone, o que tornava difícil localizá-lo. Essa campanha fez sucesso e foi veiculada por mais dois anos, mas foi complicado e demorado achá-lo para conseguirmos a autorização assinada e pagar o cachê adicional".

As **habilidades artísticas e esportivas** também fazem diferença. Cantar, dançar, patinar, nadar, tudo isso ajuda o pequeno artista a brilhar. A agente Márcia Marques lembra-se de uma modelo de 11 anos que, além de desfilar, passou a coreografia para um desfile que contava com vários filhos de celebridades e globais no elenco.

Outro ponto importante para os mais crescidinhos é a **força de vontade**. O diretor teatral Carlos Henrique Pimentel lembra: "Um caso que me marcou em Rio das Ostras, no Rio de Janeiro, foi o de um garoto de 12 anos que nunca tinha feito teatro, mas tinha muita vontade de fazer. Saiu de uma cidade do Espírito Santo e não conhecia ninguém. Informaram a ele que a aula começava às 6 horas, e ele chegou à Casa da Cultura às 6 horas da manhã, mas a aula era às 18 horas. Pois ele esperou por 12 horas". No dia em que entrevistei Carlos Henrique, esse aluno continuava o curso, que já durava 8 anos.

O **talento** vem mesmo como uma característica de peso e, segundo profissionais da área de interpretação, isso não se encontra facilmente. Como dizem, talento não é fabricado, é lapidado. Quem tem talento possui uma facilidade especial para exercer a função artística. A agente Ieda Ribeiro mostra seu ponto de vista: "Há criança que não tem a mesma facilidade, mas tem tanta vontade, além de ser solta e desinibida, que vai conseguir desempenhar a função. Não consegue variar, vai fazer aquela coisa pontuadinha, sem muitas nuances, mas vai conseguir trabalhar. E agrada também, especialmente se tiver uma aparência boa. Se a criança não tem vocação, também não vai gostar de trabalhar nessa área. É importante também ter um bocado de sorte". Ivan Martins, diretor teatral, revela: "O ator Sérgio Malheiros fez aula de teatro comigo quando criança. Falei para a sua mãe não tirá-lo do teatro. Vi que tinha responsabilidade, disciplina, uma postura maravilhosa. Obedecia-me, olhava-me nos olhos e reproduzia o que eu pedia. Ele nasceu com esse dom". Nem todos acham correto dizer que crianças possuem talento, acreditando mais que elas tenham certas habilidades. Ulysses Cruz, diretor de TV e teatro, diz: "A criança tem capacidade de concentração e é disso que precisamos".

E a **inteligência** sempre vai ajudar. É um grande motivo para se alcançar o sucesso. O premiadíssimo diretor de cinema publicitário Julio Xavier comenta sobre Rafael Miguel, que ficou famoso no "comercial do brócolis", aos 12 anos: "Ele tem memória fotográfica, prodigiosa. Decora texto muito rápido, é um gênio. É uma exceção". São raridades que o mercado artístico reverencia quando as encontra.

Dica preciosa: os pontos fortes do artista mirim devem ser destacados. Os pontos fracos podem ser escondidos ou transformados em pontos fortes.

A beleza infantil

A beleza de uma criança transcende os valores atribuídos aos modelos adultos. Independe de uma altura específica ou do tamanho dos quadris. O talento tem até prioridade em alguns casos.

No mundo infantil, ninguém é escravo da beleza. Eles são como a natureza quis. Um bebê fofinho, uma menina charmosa e um menino engraçado podem valer mais do que uma criança belíssima no mercado de modelos infantojuvenil. Longe dos padrões exigidos dos modelos adultos, eles estão livres da crueldade ligada à rigidez das formas e medidas perfeitas. Se uma modelo adulta precisa ter até 90 cm de quadril e cerca de 60 cm de cintura para desfilar, uma modelo de 10 anos precisa ser proporcional na maioria das vezes, mas sem se preocupar com medidas exatas.

As crianças ficam mais distantes das cirurgias plásticas e outros tratamentos estéticos radicais dos quais os adultos abusam. Embora sejam menos frequentes os casos em que crianças fazem algum tratamento desse tipo, eles são capazes de mudar claramente suas vidas para melhor. "As crianças fazem cirurgias para corrigir orelhas de abano e outros problemas estéticos, mas não exatamente para seguir a carreira de modelo, para buscar a beleza perfeita, e sim para melhorar a vida delas", contou o cirurgião plástico Ailthon Takishima. O médico comenta: "Quando falamos de cirurgia estética em crianças, o foco é o lado emocional, pois diante de algum problema estético elas se sentem constrangidas devido à falta de aceitação, principalmente no meio em que elas vivem. O resultado da cirurgia tem de ser sempre natural, em qualquer idade". Uma de suas pacientes mirins era uma modelo dona de uma beleza fenomenal, que foi ainda mais acentuada após fazer a cirurgia para correção das orelhas de abano. Sua agente contou que ela não se importava com o problema estético, mas os clientes sim. Nas fotos de book, a equipe de fotografia pegava um ângulo que a favorecesse para não aparecer tanto a orelha, mas ela nunca passava nos testes. Embora linda, a orelha de abano a prejudicava. A família da modelo mirim concordou que ela passasse por cirurgia corretiva e, aos 11 anos, a artista já sentia os resultados. Depois da cirurgia, ela fez novas fotos, os produtores gostaram e ela fez muitos trabalhos.

Os agentes afirmam que o mercado costuma dar preferência para gente bonita. De outro lado, encontrei respeitados produtores de elenco para comerciais que afirmaram adorar crianças "esquisitinhas" ou diferentes, porém interessantes, marcantes, que fogem do padrão de beleza tradicional. Eles revelaram não escolher tanto pela beleza, pela estética. O que os atraía mais era uma carinha divertida, uma criança divertida. Indo na contramão, disseram adorar criança que usa óculos, com um narizinho maior, que perdeu o dente e não ficou tão bonitinho, além de aceitar as que usam aparelho. Quase ninguém leva um elenco assim. Eles levam. Todo produtor quer levar a criança carismática, que fale um texto com perfeição, que seja comunicativa etc. Se algum produtor faz diferente, ainda assim é preciso analisar a proposta do comercial e fazer a seleção de acordo com o briefing.

Uma agente fala da **beleza geral**: "Algumas questões de aparência não têm problema, dependendo do trabalho. Quando a equipe de uma novela trabalha com crianças e adolescentes, vai se basear na história que o autor escreveu. O que importa é que a criança tenha o perfil que combine com a família que o diretor escolher. Exemplo: às vezes, a criança tem a aparência desejada pelo diretor, encaixa-se perfeitamente no personagem que vai interpretar, mas é fraca na parte de interpretação. Nesse caso, a aparência conta muito e a criança poderá ser preparada para render em sua interpretação".

Altura

O tamanho da criança serve como informação, um indicativo para os testes. Um menino de 6 anos pode aparentar ter 8 anos, então participará de testes para essa idade. Crianças miúdas têm uma vantagem sobre crianças grandes. Elas competem pelo mesmo trabalho que crianças de tamanho normal ou grandes e são mais espertas do que as mais novinhas. Com isso, sua desenvoltura maior faz com que passem nos testes com mais facilidade. Ou seja, a criança miúda aparenta ser esperta e a grande aparenta ser boba.

A agente e produtora de elenco Ieda Ribeiro conta como soluciona os pedidos difíceis de alguns clientes: "Pediram-me uma menina de 6 anos, loira, linda, de olhos azuis, que cantasse muito bem; e um garoto de 6 anos com dentes perfeitos. Os dois perfis são raros. Nesses casos, busco crianças mais velhas que sejam pequenas para que pareçam ter essa idade".

As meninas mais crescidinhas, que querem muito ser modelos, ficam preocupadas com a altura. Querem saber se precisam ser bem altas. Se são apontadas como baixinhas para modelar, piora a situação. Mas ganhar uns centímetros pode se tornar um problema. Márcia, diretora da Nini Casting, fala de Ingrid Barcelos: "Com 11 anos, a menina havia feito cinco edições do Fashion Rio. Depois, cresceu e saiu das medidas exigidas pela grife para a qual desfilava. Por ela ser uma modelo mirim de sucesso, fizeram questão de contratá-la novamente e prepararam peças especiais para o seu tamanho para que pudesse desfilar na outra temporada. Isso é raro".

Peso

Embora a ficha de uma agência tenha espaço para marcar o peso de bebês e crianças, não há uma preocupação forte com esse fator no momento de agenciá-los ou contratá-los para um trabalho. Existe apenas o bom senso. Nem tão gordinho nem supermagrinho. Saudável. É preciso cuidar da alimentação dos pequenos para eles terem maiores chances de trabalho artístico. A agente Ieda Ribeiro critica: "As crianças estão ficando mais gordinhas por causa da alimentação errada e é preciso considerar isso para agenciá-las. Costumo chamar as mães para ver as crianças ao longo do tempo em que ficam na agência. Quase todos os que eram bebês lindos continuam lindos aos 3 anos. Já a grande maioria das crianças que eram lindas aos 4 anos estão gordinhas por volta dos 8 anos".

Claro que podem ocorrer exceções, como foi o caso dos três meninos gordinhos que brilharam na famosa campanha do DDD, fazendo enorme sucesso. Há trabalhos em que a exigência é justamente que o artista mirim seja bem gordinho. Alguns produtores de elenco disseram que adoram crianças gordinhas em seus comerciais. Uma agente conta que para a campanha dos biscoitos Trakinas o produtor pediu crianças de 11 anos com a cara do biscoito, bem redonda, com cara de pestinha: "Saímos da agência pra comprar o biscoito e ver como a criança teria que ser". Nesse caso, não adianta a criança ser magra. Quem for contratado será justamente por estar acima do peso. De qualquer forma, gordura não é sinônimo de saúde.

Dentes

Os bebês são cortejados desdentados ou com alguns dentinhos. Conforme vão crescendo, a receptividade muda. Os contratantes de modelos são exigentes quando se trata de dentição. Perfeição é o que se busca. Criança sem dente, com dentinho torto ou com aparelho fixo raramente consegue trabalhar. É raro um produtor de elenco solicitar criança com esse perfil, bem difícil para encaixar nos trabalhos. Por isso, muitas agências boas nem aceitam crianças com essas características. Elas já sabem que as chances de trabalho serão mínimas e os pais acabam se decepcionando, muitas vezes culpando a própria agência pela falta de oportunidade. Quando o cliente solicita perfis difíceis, como crianças na faixa de 6 ou 7 anos com todos os dentinhos perfeitos, por exemplo, produtores de elenco e agentes se deparam com um grande desafio.

Dentes cariados também estão fora de cogitação, exceto se for para retratar uma criança carente, por exemplo.

Para novela de época, atrapalha se for gravar de aparelho. Isso porque em décadas passadas não era comum ver criança com aparelho, assim como seria errado usar um telefone celular numa novela que se passe em 1930.

Há quem pense em não colocar aparelho na criança para não prejudicá-la nos trabalhos, mas se os dentes forem muito tortos isso também pode atrapalhar bastante. Embora o ideal seja não usá-lo enquanto se trabalha como modelo, o aparelho transparente é mais adequado que o metálico. Criança que usa chupeta ou chupa o dedo por muito tempo tende a deformar a arcada dentária, por exemplo, e isso pode ser um fator negativo na conquista dos trabalhos.

Existem alguns recursos para driblar o problema com dentição, do ponto de vista do mercado artístico. Uma criança que perde o dente de leite pode guardá-lo para colocá-lo no dentista quando precisar fazer um teste ou trabalho. Lívia Inhudes estava com 7 anos quando seus pais providenciaram uma prótese para que ela continuasse trabalhando assim que seus dentes de leite da frente ficaram "moles". Seu pai conta: "A dentista fez um molde e quando a prótese ficou pronta mandamos extrair esses dentinhos, que já estavam prestes a cair". Com esse recurso, Lívia fez vários trabalhos importantes. No dia da foto para o layout da rede de supermercados Walmart de que eu também participei, lá estava a modelo mirim, linda e talentosíssima, com seus dentes falhados – alguns faltando, alguns crescendo e alguns tortinhos – e com a prótese para disfarçar o visual "banguela".

Sabendo de tudo isso, os pequenos que têm atração pelo meio artístico também se preocupam. Tia Irany, que agenciou a apresentadora Angélica no começo da carreira, contou no programa do Gugu: "Um dia ela tinha que fazer uma foto sorrindo e não me disse que seu dente estava caindo. Ela segurou o dentinho com a língua o dia todo, fez as fotos normalmente. Depois que acabou é que ela deixou o dente cair e contou pra mim. Olha que profissionalismo".

Mas nem sempre tudo se resolve tranquilamente. No caso de Angélica, deu tudo certo. Em outros, pode não dar bons resultados. É recomendável que os pais avisem à agência sobre as mudanças que podem afetar um trabalho. Quando um agente indica uma criança para um teste e sua família deixou de avisar que ela passou a usar aparelho, por exemplo, os profissionais envolvidos não gostam nem um pouco. E, se o dente está prestes a cair, também é bom avisar. A editora de uma revista estava com tudo preparado para as fotos da edição especial para o Dia da Criança. A menina a ser fotografada não era modelo, era filha de uma anunciante que seria homenageada nessa data. O fotógrafo atrasou, a menina ficou com fome, mordeu um alimento, o dente de leite caiu, a gengiva começou a sangrar e tiveram que sair correndo para o dentista. Resultado: ela não foi fotografada e não saiu na revista. Por essas e outras, alguns clientes não contratam crianças nessa fase.

Como toda regra vem acompanhada de exceções, no universo artístico não é diferente. Há sempre algum cliente para contratar quem use aparelho, e até crianças sem dentes ou com eles desalinhados. Há artistas mirins que estão dentro desse perfil, conseguem trabalhar e ainda aparecem sorrindo. Uma pequena atriz participou de uma novela inteira, numa grande emissora de televisão, sem dente. Outra atriz mirim que usava aparelho foi apresentadora de um programa. E Victoria Diniz, sem os dentes da frente, aos 6 anos, conquistou o público como assistente de palco da apresentadora Ana Hickmann no programa *Tudo é Possível*, da TV Record.

Cabelos

Os bebês carecas não precisam de nenhum cuidado nesse aspecto. Basta ficar limpinho e cheiroso. Bebês cabeludos podem ter os cabelos aparados ou cortados para manter uma boa aparência.

As crianças maiores já podem se preocupar com cortes modernos, bem-feitos, de preferência não muito ousados. Luzes, tinturas e outros tratamentos artificiais não são muito bem-vindos no meio dos modelos e atores infantis.

Os profissionais contratantes normalmente apreciam meninas com penteados simples, infantis. Não precisa ser algo mirabolante. Os meninos podem fazer um estilo mais ousado e um pouco diferenciado, mas sem exageros. Enfim, cabelos bem cortados, limpos e penteados são as qualidades mais apreciadas pelos clientes. Na opinião da agente Ieda Ribeiro, menino com cabelo comprido e menina de cabelo curto têm mais dificuldade para serem contratados quando crianças.

Desde que os cabelos sejam bem cuidados, bonitos, a naturalidade é apreciada. Vale conscientizar a criançada sobre isso. Há meninas que detestam seus cabelos, por serem ruivos ou encaracolados. Já houve modelo que chorou porque precisava soltar os cabelos, que sempre estavam presos por ela achar que não eram bonitos. Como disse a agente Márcia Marques, o sucesso da modelo começa quando ela se aceita bem. É preciso se gostar. E cabelos encaracolados também fazem sucesso, especialmente nas campanhas publicitárias de produtos para esse tipo de cabelo.

A agente Pamela Andalaft conta que algumas crianças cortam seus cabelos sozinhas quando têm em torno de 5 anos: "Precisa ver a 'obra de arte' de algumas. Normalmente, o estrago não chega a ser tão grande a ponto de a criança ter que parar de trabalhar. Muitas vezes, no caso das meninas, uma presilha ou tiara já ajudam bastante. Quando isso acontece, eu peço que a mãe envie foto para eu poder avaliar o 'corte'. Caso esteja muito diferente, providenciamos a renovação do material". Se o visual da criança ficar comprometido, será necessário esperar o seu cabelo crescer para que ela volte a trabalhar. Ou talvez um corte para corrigir o "estrago" resolva.

Mas cortar os cabelos pode fazer parte do roteiro, como é o caso de um comercial premiado em Cannes, realizado por uma associação de crianças com câncer. Uma menina linda aparece, toda vaidosa, pegando uma tesoura em sua bolsinha de maquiagem. Ela corta os cabelos em cena e no final entrega as mechas para o seu amiguinho, que já não tinha nem um fio de cabelo devido à doença. O ato de cortar os cabelos simbolizou a generosidade da garotinha.

Mais do que cortar, o trabalho pode exigir que se fique careca. Para um especial de fim de ano da Rede Globo, *A Terra dos Meninos Pelados*, os atores selecionados tiveram que raspar a cabeça. Leonardo Rocha foi um deles, que chorou enquanto mudavam seu visual. Ele declarou numa entrevista que usava boné para disfarçar e foi se acostumando.

Pele

Geralmente, pele de criança é linda, perfeita, gostosa, fatores importantes para conquistar bons trabalhos. Para mantê-la saudável e bonita, alguns cuidados básicos são fundamentais. A dermatologista Adriana Vilarinho recomenda: "Deve-se usar sabonete neutro e sempre hidratar bem a pele após o banho. Se a criança for se expor ao sol, é bom criar o hábito de aplicar protetor solar trinta minutos antes da exposição e repassar de duas em duas horas. O uso de bonés também é importante". E o filtro solar precisa ter fator de proteção adequado ao seu tipo de pele.

Quanto aos problemas mais comuns na fase infantil e que podem atrapalhar no trabalho artístico, Dra. Adriana aponta: "É muito frequente observarmos casos de verrugas virais e dermatite atópica, que quando muito intensa pode, sim, se apresentar com lesões no rosto e no corpo. É importante o banho morno e rápido, sabonete neutro e muita hidratação cutânea. Nos casos muito agudos, é preciso procurar um dermatologista para medicar corretamente. As verrugas virais devem ser avaliadas e tratadas pelo médico especialista".

As crianças com pele prejudicada por excesso de oleosidade ou por alergias também têm mais dificuldade para trabalhar nessa área. E cicatrizes provenientes de cortes ou queimaduras podem ser atenuadas ao longo do tempo, conforme a criança cresce, ou podem ser corrigidas com cirurgia. Em qualquer desses casos, é necessário consultar o médico em busca de uma solução.

Aparência geral

O cirurgião plástico Ailthon Takishima aponta problemas que afetam a estética exigida dos artistas, especialmente dos modelos de beleza. A hérnia umbilical, que incomoda as meninas em geral, especialmente as que desejam desfilar em passarelas que exibem a moda do verão, é um desses casos. Entre os principais problemas inestéticos – que acabam acarretando problemas emocionais – e doenças congênitas, ele cita outros para os quais se busca correção até a adolescência: o lábio leporino e problemas de pele como cicatrizes, manchas e hemangiomas (tumores vasculares na pele). Esses tumores de vasos sanguíneos apresentam-se como uma mancha vermelha ou roxa na pele, com diferentes tamanhos, e podem desaparecer com o passar do tempo, porém algumas vezes precisam de tratamento médico.

A produção

Quando se trata do visual em geral, incluindo roupas e acessórios, quanto mais se respeitar a idade da criança, melhor. A agente Ieda Ribeiro fez uma brincadeira para alertar os pais: "Fiz algumas palestras vestida como criança – de maria-chiquinha, toda de rosa, tipo Barbie. Todos riram. Bem séria, eu disse que se as crianças podem andar como adultos eu também podia andar como criança. Mostro que da mesma forma que me acharam ridícula, também é ridículo 'adultizar' uma criança. As meninas chegam inadequadas, de salto alto, com maquiagem, de unhas e cabelos pintados, uma coisa horrorosa. Elas até podem fazer isso na vida pessoal, mas não devem ir à agência desse jeito, porque as vemos absolutamente inadequadas".

Os produtores de figurino que trabalham para novelas, teatro e campanhas publicitárias sabem disso. Normalmente, só se vê uma criança com roupas de adulto num trabalho artístico quando a situação pede, como é o caso do comercial da Gol em que todos os atores mirins representavam a tripulação e os passageiros do avião. Garotinhos usavam terno e garotinhas usavam *tailleur*.

Quando o acessório é um par de óculos de grau, os clientes costumam rejeitar, mas há quem aceite. O ator David Lucas usava óculos na vida real e permaneceu com eles nos trabalhos artísticos.

Lente de contato colorida também só vale para interpretar personagens. Herval Silveira, o protagonista do especial global *A Terra dos Meninos Pelados*, usou uma lente azul para encarnar o garoto Raimundo.

Saúde, baby!

A saúde mental e física é de extrema importância para as crianças enfrentarem o trabalho artístico.

Esse assunto envolve muitos aspectos, mas, como este não é um livro de medicina, vou destacar apenas os que estão mais ligados à profissão.

O corpo

A criança que não é artista pode ficar tranquila, em casa, quando tem resfriado, febre e outros problemas de saúde. Se ela é apresentadora de programa ou tem papel importante numa novela, por exemplo, deve cuidar ainda mais da saúde para evitar faltas e atrasos nas gravações.

Dependendo da emissora, há um respeito muito grande quando o ator mirim fica doente. Algumas esperam a criança se recuperar, especialmente quando é algo mais sério. De acordo com alguns agentes, em novela, as gravações das cenas de que a criança faz parte chegam a parar até ela voltar ao trabalho. Na dramaturgia, não daria para trocar de ator para interpretar a mesma personagem. No teatro, quando as crianças adoecem é comum trabalhar com *stand by,* alguém que possa fazer uma substituição quando é necessário. Nos comerciais com bebê, geralmente é aprovado um como principal e uns dois como *stand by* para qualquer imprevisto que aconteça, incluindo o estado de saúde da criança.

Em minhas entrevistas ouvi relatos de que algumas mães de *stand by* chegam a torcer para o artista principal adoecer, ou não render no trabalho, para que seu filho ganhe a chance de substituí-lo. Claro que isso indica total falta de profissionalismo, mas problemas assim tornam-se mais raros cada vez que uma boa agência se encarrega de orientar bem as mães sobre esse assunto na hora de cadastrar seus filhos.

Em contrapartida, há mães que permitem que seus filhos trabalhem quando estão doentes. Muitas vezes, a criança gosta tanto do que faz que não quer mesmo parar. Quem precisa controlar isso é o responsável pela criança. Em casos mais graves, há agentes que interferem. Durante a filmagem de um comercial, um menino de 8 anos estava com muita febre e achava que isso não estava atrapalhando. Sua agente disse que não permite que a mãe concorde com a criança. Revelando a realidade de forma um pouco exagerada, ela brincou: "Se eu deixar algumas mães decidirem, a criança morre no set de filmagem".

Há também os pais que se preocupam bastante, embora nem sempre o problema possa ser totalmente controlado. "Lívia Inhudes, aos 7 anos, fez um curta-metragem e a luz usada para a filmagem queimou um pouco seu braço, que ficou bem vermelho", disse seu pai. Fernando Rossetto conta que não foi nada de mais, porém, os produtores precisam ficar atentos e ter mais cuidado com a saúde das crianças. Beatriz, mãe de Lívia, completa: "Ela tem urticária e sob luz forte ou sol quente aparecem manchas na sua pele, dá um pouco de coceira. Ela usa uma loção para melhorar a alergia. A luz estava exageradamente forte. Esse filme foi produzido por estudantes de uma faculdade e eles não tinham tanta noção dessas coisas".

Às vezes, é preciso recusar um trabalho para evitar algum problema para a saúde da criança. O pai de Lívia conta: "Minha filha, aos 7 anos, foi indicada por sua agente para fazer o papel de filha da atriz Juliana Paes na TV. Como ela é muito branquinha, precisava ficar morena de um dia para o outro para se parecer mais com a famosa atriz. Para participar da seleção, sua agente recomendou que usássemos autobronzeador nela. Eu e minha esposa achamos que seria demais e não a levamos".

A mente

Além dos cuidados com a saúde física, a parte psicológica precisa estar em ordem e os pais ou responsáveis devem monitorar isso o tempo todo. Uma criança infeliz ou deprimida não vai querer trabalhar. A ansiosa vai querer fazer tudo rápido ou não fazer nada, se a ansiedade for muito elevada. A agressiva vai querer dar um tapa no diretor e quebrar o cenário. Exageros à parte, se o desequilíbrio se instala, fica mais difícil trabalhar e fazer sucesso.

A preocupação excessiva com o corpo com tão pouca idade é um dos fatores que geram discussão.

No capítulo psicologia para menores, a saúde mental será abordada com mais profundidade.

A idade perfeita para trabalhar

Do nascimento à adolescência, a criança passa por diversas modificações físicas e psicológicas, e isso se reflete no mercado de trabalho. Há fases em que os profissionais mirins são mais requisitados no mercado artístico e menos em outras. Essas variações são verdadeiros altos e baixos na carreira dos pequenos. Veja como se dá essa divisão.

Na gestação: tem criança que começa a trabalhar antes de nascer. Dentro da barriga, normalmente as mamães é que aparecem. Só depende da beleza e da disposição delas para fazer o trabalho. Muitas modelos que engravidam aproveitam as oportunidades de trabalho que surgem nessa fase e é comum as futuras mamães famosas serem convidadas para posar para lojas de gestantes ou trabalhar na época do Dia das Mães. E há mulheres comuns que atuam como modelos nessa fase. De vez em quando, aparece trabalho para elas. Há clientes que entram em contato com as agências de artistas mirins quando precisam de grávidas para algum trabalho. As agentes normalmente sabem quando as mães de crianças agenciadas por elas estão grávidas e as indicam para tais trabalhos. Há agentes que cadastram grávidas com perfil de modelo antes mesmo de surgir um trabalho. Muitas grávidas estão disponíveis para o trabalho artístico, exceto as que trabalham em outra área e não estão em licença-maternidade.

Mas o bebê também pode aparecer sozinho. A área de medicina, com o avanço da tecnologia, passa a usar fotos reais para ilustrar a capacidade do ultrassom. O sueco Lennart Nilsson, um dos mais importantes fotógrafos de medicina do mundo, publicou o livro *Como nasce uma criança* com imagens da gestação vista por dentro. As imagens foram realizadas com câmeras convencionais adaptadas com lentes macro ou com o uso de um endoscópio. Quanto à disponibilidade, essa fase é a melhor. O bebê em desenvolvimento não vai à escola, não faz aulinha de futebol nem nada.

De 0 a 6 meses: algumas agências evitam cadastrar crianças tão pequenas por vários motivos. Os bebês são frágeis, precisam de cuidados especiais, ficam doentes à toa, choram, têm cólicas, não devem ficar expostos à iluminação exagerada, nem a barulhos, nem às mudanças climáticas repentinas. Esses são apenas alguns dos motivos. Eles ainda não fazem tantas coisas: rolam de um lado para outro, viram e tentam se levantar fazendo força com as perninhas e os braços. Além disso, o material fotográfico precisaria ser atualizado praticamente toda semana para acompanhar as mudanças dos bebês. Por outro lado, há oportunidades para eles. Assim, os agentes acabam cedendo à tentação e aceitando até mesmo recém-nascidos em seu *cast*. Nasceu, já começa a ter trabalho. Daniela Sarahyba, que se tornou uma famosa *top model*, declarou ter iniciado a carreira aos 4 dias

A bióloga Carmen Teixeira fez seu primeiro book durante a gravidez. Participou de vários castings, incluindo os que solicitavam família de verdade, junto com o marido Ian Libardi, advogado e ex-modelo.

Foto de Edson Marco

de vida. E fotógrafos como a famosa Anne Geddes registram artisticamente os pequenos em poses inusitadas e uma produção impecável. Uma agente diz que cadastra bebês a partir de 1 mês em sua empresa, mas considera raros os trabalhos para essa idade.

De 6 meses a 1 ano: as agências infantis começam a aceitar melhor a entrada das crianças nessa fase. Mais resistentes fisicamente, fazem algo mais que ficar deitadas num berço. Começam a sentar, engatinhar, ajoelhar, ficar em pé. E depois já podem andar. A agente carioca Ieda Ribeiro diz: "Aceito todos os bebês, porque não se sabe no que eles se transformarão. Eles vão crescer e pode surgir um talento dali. Cadastro e espero pra ver o que ele terá pra mostrar com 4 anos, pois até essa idade o mercado é complicado. Quase não tem trabalho pra bebê no Rio de Janeiro". Há quem diga que, na Cidade Maravilhosa, até 1 ano de idade surgem algumas oportunidades: bons trabalhos para publicidade e poucos para novela.

Quanto mais novos são, mais eles agem pelo instinto, e isso pode se tornar um problema ou a solução, dependendo do contexto. Uma produtora de elenco conta: "Vários bebês de 7 meses a 1 ano participaram de um comercial de palha de aço. Eles tinham que engatinhar, mas alguns não conseguiam por causa da peruca feita com o produto, que foi colocada na cabeça deles. Os bebês estranhavam. Já num comercial da Pampers, com cerca de dez bebês, todos tinham que chorar, exceto o que usava Pampers. No roteiro do comercial, os bebês que não estavam com a fralda dessa marca estavam supostamente molhados. Foi engraçado, porque um começou a chorar de repente e todos os outros choraram também. Deu certo. Os pais é que ficaram desesperados, explicando que seus filhos não choravam à toa, que não eram assim. (Havia o medo de que os filhos fossem cortados do comercial.) Mas era o que queríamos. E durante a filmagem eles não ficavam chorando por muito tempo, só um pouquinho. O diretor não deixava".

De 2 a 3 anos: foi aos 2 anos que a atriz Isabelle Drummond começou a trabalhar, mas justamente nessa idade começa uma fase complicada. Esbanjando energia e com pouco juízo, as crianças poderiam enlouquecer diretores de filmes, produtores, fotógrafos e outros contratantes. Por isso, eles acabam evitando um pouco essa fase, mas não eliminando. Existem exceções, crianças mais educadas que outras, mais calmas, e assim por diante.

Para alguns produtores de elenco, a criança trabalha pouco nessa fase porque é agitada e não fala bem. Na opinião de uma agente, crianças entre 2 e 4 anos também têm trabalho, mas em menor quantidade, porque elas estranham muito o ambiente e choram ou não fazem o trabalho.

A partir de 3 anos, Ieda Ribeiro já começa a fazer teste com texto. "Vou preparando, brincando. Tem os comerciais, que eventualmente contratam, mas acabam usando mais a criança de 6. Ou escolhem a de 8 ou 9 com tamanho de 6".

De 4 a 5 anos: fase boa. Eles são bastante requisitados. É bom trabalhar com essa faixa etária. Os dentes, a pele e os cabelos são lindos. E ainda existe a vantagem da liberdade de horários, da disponibilidade para trabalhar.

Segundo Ieda, que tem experiência no Rio, uma cidade forte em novelas, por volta dos 5 anos as crianças começam a ser mais procuradas para a dramaturgia, para o cinema. "É uma dificuldade, porque não temos muita opção. Até uns 6 anos, a criança não teve tempo de se desenvolver em alguma coisa. Há trabalhos que ficam rolando por dois meses porque não acham o ator. É difícil encontrar a criança certa. Ela pode fazer um curso ou ser um talento natural. O que é difícil é que às vezes as crianças têm talento, mas são construídas demais. Ficam como robôs, 'legendam tudo'. Existem cursos muito equivocados, que ensinam dessa forma."

Produtores de elenco afirmam que, na publicidade, o mercado é amplo e contrata bem de 0 a 10 anos, mas é de 4 até uns 8 anos que a criança trabalha bastante. Comentam que nessa faixa de idade eles já obedecem, já têm disciplina, entendem melhor o que é pedido. Quando é algo específico, obviamente que se pode trabalhar com crianças mais novas e elas fazem o trabalho sem entender nada mesmo.

De 6 a 7 anos: é comum começar a troca de dentição nessa fase, o que costuma afastar as crianças do mercado até que todos os dentes definitivos estejam perfeitos. Se esse processo for mais demorado em algumas crianças, o trabalho vai ser adiado. Aqui começa a necessidade de dividir os compromissos com o trabalho e com a escola. Jamais se deve prejudicar a escola em função do trabalho. Fica muito difícil uma

Os modelos Geovana Padalino e Cristiano Wilken conquistaram o mercado de moda e já participaram de vários desfiles e catálogos.

Foto de Juliana Sabbatini

criança se tornar estrela e precisar trabalhar todos os dias enquanto é alfabetizada. A disciplina começa a se tornar muito importante para que haja um equilíbrio entre trabalho e escola.

Em situações específicas, a idade é um fator importante na contratação. Foi o caso do comercial de comemoração dos 6 anos da companhia aérea Gol. De acordo com os produtores de elenco dessa campanha, todas as crianças que participaram tinham 6 anos de idade.

De 8 a 11 anos: o compromisso com a escola vai ficando mais sério. Para garantir um futuro mais promissor, também é necessário fazer aulas de idiomas, de esportes, e o tempo para o trabalho fica mais curto. Criança que trabalha nessa fase precisa ter disciplina e gostar muito do que faz. Depois da aula, os atores da TV precisam decorar textos e ensaiar.

Segundo alguns produtores, há uma queda nos trabalhos publicitários. Diz-se que a criança perde a graça. Mas as diferentes épocas do ano podem influenciar na contratação para campanhas publicitárias, dando chances para essa faixa etária. A agente Vera Souza, do Rio Grande do Sul, dá sua opinião: "As idades variam com a demanda de mercado. No começo do ano, por exemplo, solicitam crianças em idade escolar; na Páscoa, entre 4 e 8 anos; no Dia das Mães e dos Pais, varia de bebês a 12 anos, dependendo do roteiro; no Dia da Criança, as mais utilizadas são as crianças de 3 a 10 anos; e no Natal pedem de todas as idades".

Na área da interpretação, as maiores oportunidades começam a surgir quando as crianças já dominam a leitura e passam a compreender melhor as coisas da vida. Talvez por isso eles tenham boas chances de exercer o talento nessa fase. Uma agente fala com base em sua experiência: "Na minha agência, os atores trabalham bastante entre 4 e 10 anos. Para interpretar no teatro, o ideal é que tenha mais de 7 anos. Abaixo disso, fica complicado. A partir de 8 anos, trabalha muito em publicidade. Para dramaturgia, participação em novela, a maior procura é por criança de 8 a 12 anos, que já está mais madura".

De 12 a 16 anos: eles são considerados adolescentes aos olhos da lei, mas Paulo Pompéia, ator e diretor financeiro do Sindicato dos Artistas e Técnicos em Espetáculos de Diversão do Estado de São Paulo – SATED SP – diz que o sindicato classifica como artista mirim todo artista com até 15 anos, 11 meses e 29 dias. A partir de 16 anos, precisa ter o registro profissional na Delegacia Regional do Trabalho, ou seja, o DRT.

É nessa idade que eles começam a manifestar sozinhos a vontade de entrar para esse universo. Já recebi muitos e-mails de meninas de 12 anos dizendo que seu sonho é ser modelo. Antes disso, é mais comum a família escrever por eles.

Nessa fase, o perfil físico varia demais de adolescente para adolescente. Essa diferença na aparência é que vai determinar o destino de cada jovem artista. O mercado dita as regras nessa questão. Os que parecem mais jovens que a idade real ganham chance de trabalhar para as agências infantojuvenis, pois algumas trabalham com elenco de 0 a 16 anos. Quem aparenta ter mais idade, pode até entrar nas agências de modelos adultos e competir com eles. Há meninas de 14 anos que parecem crianças e outras parecem mulheres prontas para enfrentar uma passarela com modelos adultas. A brasileira Camila Finn completava 13 anos quando ganhou o concurso mundial da Ford Models, que envolveu 44 países. Foi o primeiro passo importante da consagrada *top model*. Já os meninos dessa faixa etária costumam entrar em agências infantojuvenis e fazer trabalhos mais voltados para adolescentes, como campanhas publicitárias e catálogos de moda *teen*.

A pele pode ganhar acne, o cabelo pode encaracolar ou escurecer, o nariz pode aumentar, o corpo ganha formas diferentes e a voz se altera (em alguns casos, muda bastante), especialmente a dos meninos. Essas e outras mudanças naturais podem dificultar a conquista de trabalhos. A agente Ieda Ribeiro diz que essa é a fase "trombadinha e patinho feio". É preciso cuidar da aparência para se adaptar ao mercado ou até dar uma pausa na carreira. A maioria dos agentes considera mais difícil fazer um bom casting entre 13 e 15 anos. Quando o artista mirim sai da fase infantil para chegar à fase da adolescência, tem mais dificuldade para trabalhar. Os que continuam com o mesmo rostinho estão sempre trabalhando, mas a concorrência é grande. Dizem que, além de tudo, normalmente é a fase dos aparelhos nos dentes. Ou seja, se tiver a mesma carinha linda e não passar por uma fase ruim, as chances de trabalho são maiores.

O compromisso com a escola aumenta e a passagem para o ensino superior vai se aproximando. Quem vai fazer as provas que definem a vida profissional de cada indivíduo precisa se dedicar muito aos estudos e precisa de mais disciplina para continuar trabalhando. Às vezes, fica inviável continuar. É o caso de quem pretende fazer medicina numa universidade federal e participa de testes toda semana. Existem soluções, como levar livros e apostilas para o teste ou trabalho, mas a concentração não será como estudar em casa ou na escola. É muito importante para o crescimento profissional – em qualquer área – continuar investindo nas aulas complementares citadas anteriormente.

Quando são pequenos, os artistas não entendem muito bem o que está acontecendo e acabam não enxergando as atividades como um trabalho. Percebi isso durante as entrevistas que fiz para este livro. Depois que cresceram, muitos não se lembraram bem das coisas que fizeram quando eram crianças.

> Dica preciosa: respeite cada momento da criança. Garanta a ela o bem-estar durante o trabalho. Se um dia ela se mostrar insatisfeita, considere se não é o momento de ela parar de trabalhar.

Um bom lugar para trabalhar

O mercado de trabalho se diferencia em cada região, cada estado, cada cidade. Algumas famílias chegam a se mudar em busca de oportunidades de sucesso para a criança, enquanto algumas optam por aproveitar o que surge no local onde moram.

Sudeste

São Paulo concentra grandes oportunidades em todas as áreas: cinema, TV, publicidade, teatro, moda etc. Por esse motivo, inúmeras mães de outros estados desejam agenciar seus filhos no local que concentra o maior número de trabalhos para os artistas mirins, mas nem toda agência aceita crianças de fora, porque se gasta muito mais dinheiro e tempo para fazer testes do que com as crianças que moram na mesma cidade. E todo o sacrifício feito nem sempre compensa. Depois, a agência ainda sofre com a cobrança de resultados por parte dos responsáveis.

O Rio de Janeiro se destaca pelas ótimas oportunidades na TV. Em função da TV Globo com a teledramaturgia, há crianças que recebem um treinamento de alta qualidade na área de interpretação. Cursos como o Tablado viraram tradição na cidade em que a Globo fez história.

Crianças de outras localidades chegam para trabalhar numa das principais cidades para se exercer a arte da interpretação. Matheus Tayroni ficou um bom tempo fazendo ponte aérea. "Na época das gravações do programa *Gente Inocente*, eu morava em São Paulo. Ia com a minha mãe na sexta-feira à noite pro Rio de Janeiro e voltava no domingo. O programa não era ao vivo, era gravado." Malu, mãe de

Matheus, conta: "Isso foi no primeiro ano, quando ele gravava todo sábado. No segundo ano, toda segunda-feira tinha gravação. Era um dia só. No terceiro ano, sexta-feira ia pro ensaio. Já aconteceu de ficarmos mais de 15 dias para gravar um especial da Globo".

E há quem faça as malas para mudar de vez. O ator gaúcho Miguel Roncato fala: "Cheguei a São Paulo no dia 6 de janeiro de 2007, com 13 anos de idade. Essa data marcou a minha vida. Impossível esquecer!". Após muito estudo e trabalhos realizados, Miguel mudou-se para o Rio de Janeiro, já contratado pela Rede Globo para interpretar o Alfredo na novela *Passione*.

Fashion Rio

Embora as maiores oportunidades se concentrem em São Paulo e no Rio de Janeiro, alguns trabalhos importantes são realizados em outros lugares, por motivos diversos. Os produtores de elenco do comercial de 6 anos da companhia aérea Gol contam: "O filme foi realizado em Belo Horizonte por causa do aeroporto de Confins, que era o único lugar onde poderia ser feito o comercial. O teste foi realizado nessa cidade e em São Paulo, embora a maior parte dos artistas mirins chamados para o teste fosse de Belo Horizonte. Uma equipe paulistana viajou para fazer o teste em Belo Horizonte. Em São Paulo o teste foi realizado com menos crianças, porque já conhecíamos várias delas. Umas 500 crianças foram avaliadas no total das duas cidades e 120 foram contratadas. Avaliamos mais a atitude dos atores mirins, pois também havia muita figuração. Cerca de metade do elenco foi de São Paulo e metade da cidade mineira".

Uma agente mineira comenta: "Entre as vantagens de Minas, há o fato de que o mercado vem crescendo e passamos a atender clientes fora de Belo Horizonte, e com o Expominas aumentou o número de eventos, o que agitou o mercado. Também é ótimo conhecer todo mundo do mercado e fazer parte dele. A desvantagem é que a verba para os trabalhos é muito inferior em relação a outras regiões. Além disso, não é fácil entrar no mercado, porque ele é fechado, tem muita panelinha, sempre trabalham com os mesmos profissionais, como um monopólio".

Essa agente fala sobre sua participação no comercial de 6 anos da Gol: "Minha agência participou do casting com algumas crianças, mas o valor do cachê para modelos locais foi simbólico, chegando a ser 'ridículo', e os artistas principais vieram de São Paulo, com ótimos cachês, hospedagem, alimentação. Soube que os principais não eram daqui. Estavam pagando R$ 50,00 para as crianças de Minas ficarem o dia todo no aeroporto. O elenco de Minas foi contratado só para figuração mesmo. Parece que os modelos principais, de São Paulo, já vieram escolhidos. Quando pediram o casting, falaram que era para o principal, mas depois passaram uma lista falando que haviam selecionado vários para figuração. Do elenco da minha agência, nenhuma mãe aceitou o trabalho. Só de gasolina até o aeroporto dava mais de R$ 50,00; de táxi, só a viagem de ida daria R$ 90,00. O modelo receberia R$ 50,00 para pagar R$ 180,00 de despesas. Isso realmente é péssimo aqui. Os valores de cachê chegam a ser cinco vezes menores que os dos grandes centros".

A criançada que busca melhores chances de trabalho chega a se despedir da cidade natal. É o caso da atriz mirim Lara Rodrigues, que interpretou a Narizinho no *Sítio do Pica-Pau Amarelo*. Ela saiu de Juiz de Fora, onde foi Miss Minas Mirim, e fez alguns cursos de modelo e de teatro. A vida atribulada na TV Globo – no Rio de Janeiro – afastou-a do contato diário com a família, mas a cada oportunidade ela fazia questão de visitar seus entes queridos na cidade onde nasceu.

É geralmente o cinema que pode mudar a vida de quem está longe dos grandes centros. O filme *Mutum* teve como protagonista Thiago da Silva Mariz, um menino que nunca tinha ido ao cinema, morador de Morro da Graça, sertão de Minas. No site do filme, a diretora Sandra Korgut conta que ia às escolas rurais do norte de Minas conhecer as crianças que poderiam participar do filme. *Mutum* foi realizado com muitos não atores, que passaram por um processo de treinamento para atuar no filme. E foi com um elenco assim que o filme recebeu o Círculo PreColombino de Plata, no Festival de Bogotá.

Virtual Squash Fashion

Normalmente, em mercados pequenos para crianças artistas como o do Espírito Santo, não há agências especializadas. As produtoras costumam ter o contato direto da criança. Um agente local dá a sua opinião: "O mercado paga mal. Quando precisam de crianças, pegam gente comum. Campanhas do governo são um exemplo de trabalho que surge aqui". Enquanto os trabalhos não surgem, sempre há os concursos de beleza para dar uma esperança a quem deseja experimentar o gosto de pisar nas passarelas. As meninas que ganharam o título de Miss Espírito Santo Mini, Mirim e Juvenil 2010 – com idades entre 4 e 13 anos – foram a Santa Catarina para representar o seu estado no Miss Brasil Infantil.

Sul

Para quem mora na região, há algumas agências boas e opções interessantes de trabalho. Os agentes do Sul comentam que o mercado é bom. Surge trabalho para shoppings e catálogos de moda e muitas lojas locais anunciam na TV, pois não é caro.

A agente gaúcha Vera Souza diz: "O Rio Grande do Sul é um bom polo de produção comercial, um dos mais importantes na área de publicidade. Fazemos aqui muitos comerciais nacionais. Também são produzidos aqui os catálogos de malharias conhecidas nacionalmente, como a Hering. Modelos da minha agência também participam dos catálogos de lançamento de coleções. Alguns fotografaram para Lilica e Tigor em Florianópolis, Santa Catarina. Em junho há bastante trabalho para lançamento da moda primavera/verão e, no fim do ano, para outono/inverno. Na dramaturgia, temos os projetos de curtas e minisséries produzidos para a RBS TV. Fazemos cinema. A Casa de Cinema de Porto Alegre, do cineasta Jorge Furtado, passou a produzir uma série para a HBO e meus atores participaram".

Produtores de elenco de São Paulo confirmam que quando a filmagem é feita em outras cidades do país, muitas vezes a seleção de elenco é realizada no local em que ocorrerá o trabalho, mesmo quando o cliente está na metrópole. Isso representa uma grande economia, visto que se os modelos fossem de São Paulo o cliente teria de pagar as despesas de viagem.

Além das agências, há outras formas de se conseguir trabalho. Jeam Pierre Kuhl, diretor do SATED de Santa Catarina, recomenda que se faça o contato direto com produtoras de catálogos e produtoras de vídeo: “O mercado artístico catarinense acontece com a presença de produtoras. As próprias produtoras de catálogos e vídeo contratam diretamente os modelos, muitas vezes sem intermédio de agências. Os modelos têm como opção se cadastrar diretamente nas produtoras. Eu sempre recomendo que as mães levem o material diretamente para as agências de publicidade. Pelo menos, os profissionais que fazem acontecer realmente têm acesso ao material. Em Santa Catarina, as agências de publicidade ainda são acessíveis. Como o mercado é menor que o dos grandes centros, elas acabam aceitando contratar direto. Acho que esse é o melhor caminho para os artistas mirins catarinenses. Os fotógrafos fazem também o seu próprio casting, independente de agências”.

Quem pretende dar um passo mais largo pode se deparar com uma trajetória inviável do ponto de vista financeiro. A mãe de Ana Carolina conta: “Somos de uma pequena cidade do litoral do sul do Rio Grande do Sul. A minha filha foi convidada para fazer parte de algumas agências do Rio e de São Paulo, que inclusive se propuseram a custear o book e o cadastro, mas as despesas com viagens e estadia (que deveriam ser por nossa conta) tornavam tudo isso muito caro. Por morarmos consideravelmente longe, enfrentamos a maior dificuldade”. Existem exceções, como o caso de uma atriz global que foi descoberta em sua cidade por uma agente do Rio de Janeiro e teve suas despesas pagas mediante a certeza de que renderia boas comissões para a sua agência.

Paralelamente ao mundo profissional, muitos concursos de beleza acontecem nessa região. Algumas crianças participam de muitos deles. Ana Carolina foi convidada para participar do Concurso Mini Miss RS, mas não concorreu porque não tinha 4 anos, que era a idade mínima. Uma das produtoras comentou com sua mãe que se ela tivesse ido certamente teria ganhado, por ser muito bonita. Sua mãe planejava colocá-la no concurso do ano seguinte. Na categoria Mini Miss Brasil e Mini Miss Conesul, Ana participou através de convite. Todos os outros eram através de concurso, em que havia meninas de vários lugares concorrendo. “Eram dois hotéis com muita gente para o evento. Havia verdadeiras caravanas vindas de várias cidades. Eram muitas meninas lindas, com vestidos luxuosos. Comecei a entender por que as meninas que participam desses concursos e conquistam títulos dificilmente param. São eventos glamorosos e conquistar um título significa vencer muita gente bonita, inteligente e bem vestida", disse a mãe de Ana.

Ainda há outro tipo de evento bastante frequente, que tem início com as seletivas. Os organizadores reúnem os candidatos inscritos e fazem uma pré-seleção. Chegam a participar centenas de pessoas. Normalmente, nessas seleções nada é cobrado na primeira fase. Eles veem o lado estético, incluindo pele, cabelos, dentes/arcada dentária e altura. Os caçadores de talentos entrevistam pessoalmente os modelos e tiram fotos dos candidatos. Depois que passam por todas as avaliações, apenas os selecionados são convidados a participar do projeto em si, que é pago. Esse é o caminho para as chamadas convenções de modelos. A mãe de Ana Carolina conta: "Minha filha passou nos dois em que a inscrevi, porém em ambos o valor cobrado para participar das convenções era muito alto: R$ 1.700,00 por uma e R$ 2.100,00 para a outra, fora a parte de quem acompanha a criança. De umas 500 pessoas (crianças e jovens), pouco mais de 100 foram selecionadas para a segunda fase, que incluiu teste de passarela e foto para os pequeninos e mais teste de vídeo com texto/fala para os jovens. Dessa fase, uns 50 foram selecionados. Os que passaram nas duas seletivas do projeto para modelos foram convidados a aderir ao projeto, cujo valor de adesão era de R$ 1.450,00 a R$ 1.700,00. Periodicamente, eles realizam convenções no Sul e Sudeste do Brasil, onde participam emissoras de TV, agências de modelos e cursos da área".

Em geral, os responsáveis pela criança não são da área de modelos e não sabem muito sobre os profissionais que criam esses eventos. É importante que os pais pesquisem, questionem, busquem saber quem são os organizadores das convenções. É bom entender o que acontece nesse universo. A mãe da pequena Ana diz: "Eu sabia que um scouter trabalhava com uma professora de modelos conhecida. Inscrevi minha filha numa seletiva que ele faria em nossa cidade. Na palestra que ele ministrou, contou que era considerado o segundo scouter internacional no Brasil e que era responsável por vários jovens modelos que hoje trabalham no exterior. Entendi que ele já trabalhou com a Gisele Bündchen. Duas semanas após o evento, recebi uma ligação e fui informada de que haveria uma convenção internacional de modelos em São Paulo, promovido por uma agente, e a minha filha foi selecionada para participar. O custo era de R$ 2.100,00 apenas para a Ana".

Jeam Pierre Kuhl, preparador de elenco e na função de diretor do SATED SC, fala sobre as seletivas, muito comuns em Santa Catarina: "Esses eventos normalmente acabam não resultando em nada. Muitos são caça-níqueis. Várias agências de São Paulo mandam representantes em seletivas de modelos e atores, mas, como as crianças não moram em São Paulo, acabam nunca fazendo trabalhos. Elas apenas pagam taxas para agenciamento. Há uma empresa que parece séria e tem feito várias seleções pelo sul do país. Esses profissionais oferecem, as pessoas pagam e são apresentadas para representantes de agências e produtoras. Então vai depender de elas quererem os indicados ou não. Funciona assim: 'Se tenho 1.000, pelo menos 10 vão conseguir trabalhar'. Eu acho que as pessoas devem pagar pelo conhecimento. As grandes agências mandam seus scouters e diretores de elenco de graça. É preciso ficar sempre bem atento, pois quando se cobram valores para apresentação a scouters, deve-se perguntar que scouters serão esses. E ninguém precisa pagar para se cadastrar numa emissora, seja Globo ou Record. Além disso, os pais devem, antes de qualquer coisa, ver a disponibilidade deles de viajar para cidades como São Paulo ou Rio de Janeiro, se têm interesse em uma carreira nacional. Não conheço nenhuma agência que pague hospedagem, alimentação e deslocamento para crianças. Acreditamos que, para começar, o mercado local é um bom termômetro, até para ver se a criança tem aptidão para a profissão, além da beleza, talento, paciência e controle".

Quem não segue a estratégia mais adequada pode desanimar. Depois de várias tentativas, há quem dê uma pausa. Isso não ocorre por falta de vontade, mas porque é muito dispendioso fazer isso para uma criança, especialmente porque os pais precisam acompanhar.

Em Curitiba, Mariana Gobi também participou de concursos e conquistou vários títulos. Ela foi além da faixa. Desfilou para eventos importantes, fez campanhas publicitárias e apresentações teatrais.

Mas há quem saia da terra em que nasceu para brilhar na TV, especialmente quando tem a ajuda de quem pode modificar a sua história. Uma gauchinha foi descoberta quando uma agente do Rio de Janeiro levou sua atriz famosa para gravar um comercial em sua cidade. A garotinha do Sul era apenas a figurante do comercial, mas chamou a atenção da agente, que logo convidou sua mãe para ir para o Rio. Meses depois, ela foi a um teste de um cliente carioca que não encontrava a criança certa para uma campanha. Ela passou. Pouco depois, começou a fazer novela, destacou-se no meio artístico e não voltou mais a morar na cidade natal.

Centro-Oeste

Os concursos de miss do Mato Grosso do Sul já deram oportunidade para várias menininhas mostrarem sua beleza. Edenir Vaz, que coordenava eventos de beleza, mesmo morando em Amambaí, dominou o Mato Grosso nessa área de modelos, especialmente na área de concursos. Nas redes sociais era possível ver as crianças vencedoras de seus eventos. Uma delas foi Liliana Baumgartener, que conquistou vários títulos. Aos 12 anos, venceu o concurso Miss World Infantojuvenil, representando o Brasil na República Dominicana.

O Miss Infantil MS selecionava meninas entre 3 e 7 anos, enquanto o Miss Juvenil MS era para meninas de 8 a 12 anos. A vencedora de concursos regionais concorre ao Miss Universo Infantojuvenil.

Títulos de Liliana Baumgartner

5 anos – Boneca Viva do estado do Paraná
9 anos – 3º lugar no Miss Mato Grosso do Sul
10 anos – 3º lugar no Miss Brasil Infantil em Curitiba – PR
11 anos – 3º lugar no Miss Nações 15 países, evento em Curitiba – PR
12 anos – 1º lugar no Miss Brasil 2008 em São Paulo, capital
13 anos – Miss World Queen Universo, realizado na República Dominicana

Além dos concursos, Edenir passou a organizar projetos para modelos serem lançados no mercado nacional.

Na área da interpretação, geralmente as oportunidades de trabalho são menores e o crescimento profissional acontece quando se muda para um grande centro. A agente paulistana Márcia Pecci conta: "Eu levei uns atores mirins de São Paulo para fazer um comercial numa produtora de Goiânia. A produtora de elenco quis me mostrar um pequeno ator que morava na cidade. Ela dizia que ele tinha talento para fazer trabalhos maiores e deveria sair de lá. Foi assim que eu conheci o Adriano Leonel. Pouco depois, sua mãe foi transferida para São Paulo pela empresa em que trabalhava e ele se tornou apresentador do programa Nick TôNicko, no canal Nickelodeon". Depois disso, Adriano continuou fazendo trabalhos importantes na área artística.

Mas foi no interior do Brasil que encontraram Dáblio Moreira, de Morrinhos, e Marcos Henrique Venâncio, que nasceu em Amaralina. Eles brilharam no longa-metragem *2 Filhos de Francisco* – a história de Zezé di Camargo e Luciano. Os garotos do interior de Goiás cantavam em duplas e se conheceram ao participar do teste de elenco. Dáblio interpretou Zezé di Camargo quando criança e Marcos fez Emival, o irmão da dupla famosa falecido aos 11 anos. A produção já havia testado mais de 300 crianças no Rio de Janeiro e em São Paulo, mas, quando o diretor viu um vídeo do menino de Morrinhos, teve a certeza de que seria o ator perfeito para o papel. Wigor Lima nasceu em Goiânia e fez o teste para o filme através de uma agência. Fez o Luciano quando criança, numa pequena participação. O filme lançado em 2005 e dirigido por Breno Silveira foi realizado pela Conspiração Filmes/Globo Filmes e representou o Brasil na disputa de melhor filme estrangeiro em Hollywood.

Norte

Surgem oportunidades específicas. O jornal on-line *Notapajos.com* publicou que os produtores da terceira edição do filme *Tainá* já estavam havia um ano e oito meses selecionando elenco no Norte para realizar o filme, que aborda a educação ambiental. Eles ampliaram as oportunidades para artistas locais, buscando gente que fizesse teatro em quatro cidades do Norte. A protagonista das duas primeiras edições do longa, que interpretou Tainá, foi a atriz Eunice Baía, descoberta no interior do Pará aos 8 anos. Para a substituta, eles buscavam uma criança de 6 a 8 anos. Segundo o site do governo do estado do Amapá, mais de 3 mil crianças se inscreveram para esse papel. Através de videoconferência, meninas de cidades interioranas puderam participar do teste, feito pelos produtores que estavam no Rio de Janeiro.

O papel de protagonista de um longa-metragem que teve tanto sucesso revolucionou a vida da pequena Eunice Baía. A menina morava numa casa sem luz elétrica e nunca tinha ido ao cinema quando passou no teste. Num bate-papo da UOL, a própria Eunice Baía disse que a maior emoção de fazer o filme foi de se ver numa tela grande, e que na primeira vez que se viu na telona ela chorou. Depois do filme realizado, Eunice foi morar em São Paulo, conheceu outras culturas, estudou, fez teatro, progrediu. Aos 18 anos, estava entre as pessoas responsáveis pela escolha da nova Tainá.

Nordeste

No Piauí, os agentes consideram o mercado pequeno para modelos infantis, mas há quem tenha começado a carreira onde nasceu para depois voar mais alto. O agente Carlos Kabeto fala da *top model* internacional Schynaider, do Piauí, que começou sua trajetória em Teresina quando criança. "Schynaider fez um curso de modelo comigo quando tinha uns 9 anos. Esse foi o único curso infantil que fizemos no Piauí, com crianças de 7 a 10 anos. Como não havia mercado para essa faixa etária, não adiantava fazer os cursos só por fazer. Depois, ela fez alguns desfiles infantis locais. Nada muito profissional. Com uns 11 anos, ela não tinha mais perfil de criança nem de adolescente e parou tudo. Aos 13, ela participou do concurso Elite Model Look, etapa local em Teresina, e chegou até a final. Ganhou a etapa nacional e foi para a etapa mundial, em Paris. Ficou na Elite, foi morar em São Paulo e não parou mais. Das crianças que iniciaram comigo e que tiveram destaque nacional e internacional, só ela." No dia em que entrevistei Carlos, ele disse que tinha uma agência em Fortaleza, mas não via muita coisa na área infantil.

A agente Eveline Duarte, de Fortaleza, dá a sua opinião: "Eventualmente aparece trabalho para crianças. Bebês e artistas mirins acima de 5 anos trabalham mais, especialmente para fotos e VTs. A minha empresa criou o Piauí Fashion Week e o Fortaleza Fashion Week. Esses eventos deram boas chances para as crianças, pois elas desfilaram para famosas marcas infantis. Aqui no Ceará surgem muitas oportunidades para comerciais. Há procura pelos protagonistas e também por figurantes. Na minha agência não surgem muitos trabalhos para a área de interpretação, como teatro. A busca é bem diversificada em termos de raça. Em geral, os clientes querem rosto novo, crianças que não estão na mídia".

Pelos sites dos sindicatos dos artistas, é possível perceber que nessa região as atividades teatrais são constantes. Mesmo que esporadicamente, boas oportunidades podem surgir para os pequenos que se desenvolvem na área de interpretação. Valter Lagoa, que trabalhou como assistente da preparadora de atores Fátima Toledo, conta: "Para o filme *Besouro*, dirigido por João Daniel Tikhomiroff e produzido por uma equipe de São Paulo, todas as crianças contratadas eram da Bahia, onde o filme foi realizado. Algumas eram de Salvador e outras da Chapada Diamantina".

E em Recife nasceu o talentoso Pedro Malta, que iniciou sua trajetória artística na cidade natal, até se mudar para o Rio de Janeiro e conquistar o Brasil com seu carisma e inteligência.

Interior

No interior, também há chances para seguir o caminho de artista mirim, dependendo da iniciativa das pessoas da região. Há quem crie agências de elenco, quem monte cursos de teatro e até quem produza peças nesses locais. Em minhas pesquisas, descobri atrizes mirins do interior que contracenaram no palco com atores da TV Globo, tudo por iniciativa de um curso local, que era da mãe de uma delas.

Thomas Aguilera, diretor de uma agência do interior de São Paulo, conta: "Os trabalhos que mais fazemos em Presidente Prudente são fotos para campanhas publicitárias. A região mostrou-se forte em campanhas e passamos a atender todo o oeste do estado – norte do

Paraná, onde existem agências de publicidade boas, com clientes nacionais. Mesmo assim, nossos modelos mirins enfrentam grandes dificuldades. É uma trajetória mais difícil para quem começa a modelar cedo aqui. É difícil para os pequenos modelos a ida para São Paulo, fazer testes acompanhados pelos pais, ficar o dia todo lá. Quando têm um teste certo em São Paulo, nós acompanhamos os modelos e seus pais".

E há quem se aproveite da ingenuidade, ou pureza, de quem vive em cidades menores para dar o golpe. Aguilera diz: "O maior problema que os modelos do interior têm, principalmente os infantojuvenis, são os que se dizem caça-talentos que vão a cidades do interior prometendo mundos e fundos. Eles fazem com que a pessoa invista o que não tem – acreditando que vai dar tudo certo – e o falso scouter simplesmente desaparece. Estamos acostumados a escutar essas histórias. As pessoas sabem que pode ser 'truque', mas elas participam mesmo assim". Na opinião de Thomas, o caminho mais curto não existe.

A tranquilidade, em comparação com a cidade grande, é o que há de bom. Nada de trânsito, engarrafamento, filas e outros fatores estressantes. Por outro lado, os trabalhos são em geral menos importantes e menos frequentes que nos grandes centros. Para driblar essa diferença, viajar em busca de maiores chances pode valer o sacrifício.

Aguilera relata: "Nós programamos uma vez por mês viagens que chamamos de visita-teste. Alugamos uma van e vamos com alguns modelos mirins e seus responsáveis visitar agências de São Paulo. É no estilo bate e volta, sem pernoitar na cidade. O objetivo é tentar encaixar essas crianças em alguma agência para que as oportunidades de trabalho para elas sejam maiores. Em uma das vezes, estávamos fazendo o teste em uma agência e ficamos sabendo de um casting para fotos das Casas Pernambucanas (trabalho de mídia impressa com veiculação nacional). A booker nos passou as informações do trabalho, saímos da agência e fomos por conta própria para o casting, onde havia um 'mar de modelos'. Chegamos com 12 modelos e uma delas foi aprovada para fazer o catálogo, que foi produzido na semana seguinte".

Para essas viagens é preciso ter dinheiro. Sem isso, talentos ficam escondidos a muitos quilômetros dos grandes centros ou se sacrificam bastante para atingir seus objetivos. A agente Cynthia Zaninari exemplifica: "O menino do interior Miltom da Costa Neto, muito talentoso, canta, dança e atua. Desde pequeno, aonde ia se destacava. A mãe, nem sempre tendo condições financeiras, dormia na rodoviária de São Paulo com o outro filho nos braços para poder levar Miltom aos testes e gravações de comerciais de TV. Ele participava de um corpo de dança de uma dupla infantil, ensaiou por muito tempo. Perto da estreia, acabaram os recursos financeiros e ele perdeu o trabalho de muitos meses. A mãe guardava suas economias para permitir a volta de Miltom à carreira. Nessa fase, ele realizou vários trabalhos artísticos no interior". Sempre espero que essas histórias mudem para melhor e que meninos como o Miltom construam uma carreira brilhante.

Em algumas cidades, há apoio financeiro da prefeitura, o que ajuda bastante. Carlos Henrique Pimentel, superintendente da Fundação Rio das Ostras de Cultura, conta sobre um projeto especial: "Devido a um trabalho que desenvolvemos, selecionamos 100 crianças. Com tudo pago pela Fundação, elas ganharam book, composite e a veiculação da sua imagem no site da agência escolhida do Rio de Janeiro. Esse contrato deu a elas o direito de ficar durante sete meses dentro da agência e fazer um curso de interpretação para vídeo, com o objetivo de prepará-las melhor para os testes. Algumas fizeram testes para campanhas importantes e uma minissérie da Rede Globo. As crianças foram levadas para os testes na capital em carros da prefeitura de Rio das Ostras, interior do Rio de Janeiro".

Exterior

É mais raro ver crianças viajando para o exterior ou até morando fora do Brasil, como os modelos e atores adultos, mas existe essa possibilidade.

As crianças que trabalharam na novela *Chiquititas* tiveram que morar na Argentina por dois anos. Entre elas estava a atriz Sthefany Brito, que na época tinha 12 anos.

Quando trabalhei numa produtora de filmes, uma criança foi selecionada para um comercial que foi filmado em Cancún. Ela desistiu quando já estava fora do Brasil. Foi um caos. Colocaram a criança no avião e selecionaram outra às pressas. O menino substituto foi com a mãe, que também era modelo e acabou sendo contratada para fazer parte do filme também. Solução prática e econômica, visto que não foi preciso pagar despesas de viagem para a mãe do menino, além de uma modelo. Duas em uma e tudo se resolveu.

A situação mais frequente é a criança participar de um trabalho no Brasil que tenha alcance internacional. É o caso das campanhas publicitárias mundiais que são realizadas por aqui e exibidas em outros países, assim como as novelas brasileiras que são vendidas para outras nações. A imagem da criança vai muito longe, mas seu trabalho foi realizado perto de casa.

Viagens

Uma foto na praia, uma filmagem no campo, uma gravação numa cidade histórica. São muitos os trabalhos que podem tirar uma criança de casa e levá-la para bem longe.

As saudades de casa e das pessoas queridas são inevitáveis, mas a alegria de conhecer um lugar novo, ser bem tratado e ainda ganhar dinheiro com isso é fantástica. As crianças e adolescentes ficam fascinados com as viagens que o trabalho artístico proporciona. No caso dos bebês, os responsáveis é que geralmente ficam fascinados. Afinal, se a viagem é inconveniente para eles, basta recusar o trabalho.

Em alguns casos, a viagem a trabalho se transforma em passeio. Um ator mirim de São Paulo viajou para Florianópolis para fazer um comercial. A gravação era externa e dependia de tempo bom. À espera do sol, ele passou o fim de semana inteiro na cidade. Como o tempo não melhorou, ele não gravou, mas aproveitou. Para realizar o trabalho, teve que voltar num outro fim de semana.

As gravações longe de casa, mas rápidas, não afetam tanto a rotina dos contratados. Um dia de falta na escola e uma nova experiência tornam-se gratificantes. É o caso de campanhas publicitárias.

Nos trabalhos que levam alguns meses para serem concluídos, como é o caso de minisséries e cinema, há duas situações. Se a criança não tem tantas cenas, é possível viajar mais de uma vez, voltando para casa. Quem tem papéis mais importantes precisa se afastar de casa temporariamente. Muitas dessas gravações acontecem perto do período de férias, e isso atrapalha menos o ritmo na escola. Foi o que aconteceu com os atores de São Paulo que fizeram o filme *Tainá II*. As filmagens foram feitas na

Amazônia, entre junho e agosto. Em julho, estariam mesmo de férias. Sempre se busca uma solução. Para protagonizar *Menino Maluquinho – o filme*, Samuel Costa deixou São Paulo para ficar quatro meses com a mãe em Belo Horizonte, frequentando os sets. Um professor particular o mantinha atualizado sobre o que se passava na escola.

Pedro Rossa conta como foi conciliar as gravações para a minissérie *Presença de Anita*, no Rio de Janeiro, enquanto morava em São Paulo. "As aulas que eu perdi, consegui repor. A escola também ajudou bastante. Além de ter estudado lá minha vida inteira, eles eram flexíveis. Quando tinha prova, eles remarcavam e eu fazia substitutivas." Segundo Rita, mãe de Pedro, a irmã dele também ajudava. "Como estudava no mesmo colégio, ela pegava as matérias com os professores. Uma professora copiava num caderninho a lição que ele deveria fazer em casa. Nessa época quase não se usava e-mail nem existia cyber café na cidade em que Pedro gravava. Nem sempre ficávamos no mesmo hotel, então eu ligava para a minha amiga, cujo filho estudava com o Pedro, e passava o número do fax de onde estávamos. Ela enviava a matéria para o Pedro não ficar atrasado. Muita gente apoiou. Estudar é importante para a vida dele. Sempre me preocupei em apoiá-lo, dando todo o suporte para que fosse bem nos estudos. Eu e meu marido fizemos um acordo para que ele pudesse trabalhar: era preciso ir bem nos estudos."

Há situações em que a solução não é fazer uma viagem, mas fazer as malas para se mudar de vez. De um lado, uma alegria imensa com a expectativa de crescimento profissional, de um sucesso maior. De outro lado, o afastamento da vida estruturada exige bastante equilíbrio e força para superar a distância de tudo que sempre construiu sua própria felicidade, incluindo pessoas, hábitos e lugares que frequenta. Nesses casos, um acompanhante (geralmente pai ou mãe) vai junto com o artista mirim, mas o restante da família fica longe mesmo. Mães que acompanham o filho artista chegam a deixar o emprego, o marido e outros filhos por um período para dar esse suporte àquele que está trabalhando. No caso de uma novela, chegam a ficar uns nove meses morando longe da família. Quando o trabalho termina, voltam todos para a vida normal. Se o ator não mora tão longe, até pode viajar de vez em quando para ver os familiares. É o que acontece com quem está entre Rio e São Paulo.

Dependendo do contrato do artista, estabelecido pelo tempo do trabalho em questão, a emissora se responsabiliza pelas despesas relativas à mudança de cidade: moradia, alimentação, assistência médica, entre outros recursos de apoio. É oferecida uma estrutura para a família morar perto dos estúdios de gravação, passagens aéreas para visitas aos familiares etc. Essas regalias são mais comuns para contratação por um período maior e para os que têm papéis de maior destaque. Foi o caso de Miguel Roncato, o gaúcho que morava em São Paulo quando foi contratado para a novela *Passione*. As gravações eram feitas no Rio de Janeiro e ele teve que se mudar para lá nesse período. Com 17 anos, já não era artista mirim, mas menor de 18 anos. Quem o acompanhou foi o irmão, Fernando Roncato, que também foi contratado para a novela. Figuração e elenco de apoio não contam com esse aparato.

Nem toda criança se abala tanto com a mudança, especialmente quando já está se preparando para a oportunidade. Os mais crescidinhos sentirão saudades dos amigos, mas eles também costumam se orgulhar por ter um amigo famoso. E após o término das gravações eles voltam para casa.

A situação mais radical é quando essa mudança se estende por muitos anos. José Armando Lagranha, pai da atriz Debby, conta sobre a mudança de vida: "Para a minha filha gravar no Rio de Janeiro, optamos pela mãe morar com ela, enquanto eu fiquei em São Paulo com os nossos outros dois filhos. Passagens aéreas foram disponibilizadas por muito tempo pela emissora para amenizar a distância, mas o afastamento familiar foi inevitável. Decidimos morar em cidades diferentes para facilitar a vida estudantil de Debby, aliada às gravações nos nove anos de contrato com a Globo. A distância causou problemas familiares (cobrança dos outros dois filhos em momentos mais críticos, como os preparativos de seus casamentos. A mãe se fazia presente, cuidava de tudo mesmo a distância, mas eles a queriam 24 horas presente, o que já não era mais possível). Quanto ao crescimento de Debby, a saudade falava mais alto, mas sempre que ela era questionada quanto a retornar, vinha a negativa, pois amava e ama muito o que faz. Perdeu pouco. Na realidade, algumas festinhas, alguns aniversários em família. Contudo, houve grandes recompensas também. Debby aprendeu ao longo dessa experiência que não se pode ter tudo na vida. Opções sempre são feitas. Graças ao seu temperamento, tais problemas não deixaram marcas negativas em sua vida". Debby foi crescendo e continuou fazendo sucesso, feliz com a arte.

Em relação à escola, o contratante muitas vezes se preocupa com as interrupções durante o tempo em que se mora em outra cidade. Eles podem tentar fazer adaptações para evitar problemas. É o caso de um artista mirim que tem contrato para fazer novela com previsão de término no meio do semestre escolar. Fica mais difícil voltar para sua cidade, mudando de escola novamente. Isso pode atrapalhar os estudos. Assim, pode ser mais viável continuar na cidade até terminar o período escolar.

A mudança de cidade não é incentivada por muitos agentes. Mesmo assim, ainda é mais tranquilo e mais barato visitar as pessoas que se deixou para trás do que mudar de país, que é um pouco mais complicado. Acrisia Monteiro, que agenciava oito atores mirins brasileiros da novela *Chiquititas*, relata: "As crianças e um responsável por cada uma delas – que geralmente eram as mães – passaram dois anos na Argentina, com tudo pago: escola, moradia etc. Elas estudavam de manhã, almoçavam (no local de gravação) e gravavam à tarde". Mesmo com essa estrutura, durante o período em que moraram fora do seu país elas tiveram suas vidas alteradas.

Um dos problemas de criança viajar ou se mudar é que ela sempre precisa de um responsável que cuide dela. E aí, junto com a alegria, as alterações na vida se estabelecem. É preciso saber lidar com isso para que a vida não vire uma confusão.

Há trabalhos de gravação ou fotografia que são exibidos em outros locais, mas não necessariamente vai haver uma viagem. É o caso de uma criança que filma no Brasil para uma campanha de refrigerante, mas a exibição é feita na Alemanha.

> Dica preciosa: se o trabalho envolver viagem, faça de tudo para que ela seja muito bem aproveitada.

Oportunidades de trabalho

Há uma boa procura por crianças em vários segmentos. Elas vendem facilmente produtos, serviços e ideias. Participam de anúncios de escolas, lançamentos imobiliários, comerciais de brinquedo e outros produtos infantis, comerciais em datas comemorativas como Dia da Criança, Dia das Mães etc.

As oportunidades são variadas e, na verdade, todo trabalho digno tem sua importância. De cada um, vale a pena aproveitar aquilo que pode acrescentar algo à vida profissional, cultural e pessoal.

Desfiles

Feiras infantis, eventos de moda infantis ou mesmo de adulto. Quem não se lembra das encantadoras aberturas do Fashion Rio com desfiles da Lilica Ripilica e suas estrelinhas mirins brilhando em passarela de gente grande? Nesse evento, já desfilaram várias pequenas celebridades.

A estilista Solange Meneghel, irmã da Xuxa, passou a organizar desfiles no Rio de Janeiro para lançar as coleções de suas grifes Bicho Comeu e BC Girls. Tornou-se um evento clássico, cobiçado por muitas garotinhas. Famoso pela qualidade da produção, já colocou nas passarelas lindas modelos e atrizes mirins.

Fora dos eventos grandes, alguns empresários de moda infantil optam por realizar o desfile com as próprias clientes, crianças que precisam comprar um "look" completo para desfilar na passarela. Elas não ganham cachê nem roupa, mas enchem de orgulho a família.

Fotos

As fotos podem ter vários destinos: catálogos, editoriais ou campanhas publicitárias em revistas e jornais, outdoors, sites, painéis, sacolas de lojas, capas de DVD, exposições etc.

Nem sempre as fotos para moda são feitas exclusivamente por modelos. Não é raro ver catálogos de moda em que as estrelas são atrizes mirins, especialmente as mais famosas.

Comerciais de TV

A participação de crianças em campanhas publicitárias cresceu muito nos últimos tempos. Como já foi citado anteriormente, a agência de publicidade AlmapBBDO criou um comercial bem marcante para os 6 anos da companhia aérea Gol. Todos os passageiros e tripulantes eram interpretados por atores mirins.

Alguns comerciais são muito elaborados, exigindo uma ótima atuação do artista mirim. A AlmapBBDO também criou uma campanha para a Casa do Zezinho. O ator Matheus Braga aparece em duas versões no centro de São Paulo, sozinho na rua. Numa delas, ele está bem vestido. Na outra, ele está sujo e malvestido. Na primeira, várias pessoas se juntam para ver o que acontece, preocupadas. Na segunda, ele fica abandonado no meio da rua. Emocionante. Priscila, mãe de Matheus, conta sobre o dia da filmagem: "Ele ficou no Viaduto do Chá sozinho, perto do meio-fio, e eu fiquei andando como se fosse qualquer pessoa passando. Eu quase tive um 'treco', pois os ônibus passavam correndo e eu não podia chegar muito perto dele, mesmo porque ele estava concentrado. Mas ele tinha apenas 5 anos e poderia se assustar. Não havia segurança quanto a isso, não havia ninguém para sinalizar para os carros que uma filmagem estava acontecendo ali. Estava tudo escondido, porque a reação das pessoas tinha que ser real. Havia policiais, mas eles estavam à paisana e não estavam tão perto do Matheus. Havia o pessoal da produção andando como eu também. Mas deu tudo certo; afinal, receberam muitos prêmios por esse filme. A câmera estava escondida filmando as pessoas que andavam pela rua e que no filme foram desfocadas. As que passavam enquanto ele estava bem vestido paravam para ajudar. Uma mulher que passou por mim ainda disse para a outra: 'Olha que dó. O menino de rua é lindo...

pena que é de rua'. Depois que o figurino foi trocado para ele parecer um menino de rua, não parava ninguém".

Do humor ao drama, as campanhas publicitárias necessitam de crianças muito talentosas. E nem sempre a criança vai aparecer linda. O intuito pode ser outro. Um comercial contra a violência infantil exibiu vários animais (leões, macacos e outros) agindo carinhosamente com suas crias. Ao final, surge a cena com uma menina maquiada como se tivesse apanhado no rosto, com olhos inchados, agarrada ao seu ursinho de pelúcia e com expressão de assustada. Sua interpretação foi fundamental para sensibilizar o espectador. A frase final era: "Algumas crianças gostariam que seus pais fossem animais".

Os comerciais muitas vezes não transformam anônimos em famosos porque são rápidos, normalmente 30 segundos por aparição. No entanto, se a criança falar um texto, aparecer sozinha ou o comercial for muito marcante, tudo muda. Além disso, apresentam-se como um trampolim para os trabalhos mais sólidos na carreira artística. São muitas as crianças que fizeram vários comerciais – dezenas e até centenas – antes de conquistar espaço em novelas, cinema, musicais, apresentação de programa de TV e outros tipos de trabalho. A experiência é grande, o que dá uma base forte para uma carreira duradoura.

Os trabalhos que têm texto marcam bastante. Isto porque a criança se expõe em sua totalidade quando interpreta e ainda usa a memória, a voz, todos os recursos possíveis. Apesar disso, há também comerciais belíssimos e marcantes com crianças que não falam, mas que passam muita emoção.

TV

Apresentação de programas de TV, participação em novelas, séries e minisséries.

Falta de tempo é comum para quem grava regularmente na TV, especialmente se for para papéis importantes em novelas. Em papéis difíceis, a dedicação precisa ser ainda maior. Muito texto, muita interpretação. Os artistas esperam acabar esse período para voltar à vida normal. Algumas crianças não gostam, enquanto outras aguentam o sacrifício devido à paixão pelo trabalho artístico, e mais ainda pelo sucesso.

Apresentação de programa

Os apresentadores de TV mirins normalmente começam como modelos ou atores. Certamente precisam ter desenvoltura, capacidade de improviso, dedicação, muita disciplina, entre outras qualidades. Graça e esperteza estão entre as características que garantem um espaço na TV. Além disso, a espontaneidade também ajuda.

A partir de 4 anos, já podemos ver crianças comandando programas, mas conforme vão crescendo o trabalho fica mais consistente. A pequena Maísa ganhou fama no SBT como apresentadora, mas há quem ganhe visibilidade como assistente de palco de uma apresentadora adulta. A Rede Record contratou Victoria Diniz, com apenas 6 anos, para trabalhar com Ana Hickmann no programa *Tudo é Possível*. Chamou a atenção do público.

A regularidade do trabalho, tão almejada pelos artistas adultos, pode ser um empecilho na vida da criança, visto que é preciso gravar por um tempo indeterminado, diferente de uma novela, que tem duração mais definida. Se a criança tiver real vocação, vai enfrentar com mais facilidade essa responsabilidade. Como recompensa, fama e um bom salário são praticamente certos nessa trajetória.

Minissérie

Um trabalho que lembra as novelas, com tempo certo para acabar e bastante visibilidade. Tem grande importância para o currículo.

As minisséries têm a vantagem de se desenvolver em um período mais curto que as novelas, o que pode ser menos cansativo. Ainda assim, em algumas a criança tem mais destaque e aparece bem mais do que em novelas. Em *Hoje é Dia de Maria*, a protagonista Carolina de Oliveira fez sua estreia na TV, ganhou projeção e arrecadou prêmios como melhor atriz.

Séries

Programas como o seriado *Sítio do Picapau Amarelo*, na TV Globo, já tornaram muitas crianças famosas, como Caroline Molinari no papel de Narizinho; Isabelle Drummond, que interpretou a boneca Emília; e Rodolfo Valente como Pedrinho. Muitos deles são reconhecidos pelo público até depois que se tornam adultos, muitos anos depois. Isso é comum quando se trata de um programa de boa audiência e o personagem é marcante.

Em consequência da projeção que costumam ganhar, surgem muitas oportunidades. Depois de entrar para o *Sítio*, vários atores foram contratados para integrar o elenco de novelas.

Telenovela

As novelas têm o grande poder de transformar crianças anônimas em celebridades. Normalmente, são poucas as crianças com papel de destaque em uma novela, e essas poucas tornam-se famosas. Klara Castanho foi uma delas. Aos 9 anos, marcou por ser a primeira vilã interpretada por uma criança na dramaturgia brasileira. Apesar dos comentários polêmicos em função de sua personagem, a indicação ao prêmio como melhor atriz foi inevitável.

No caso de Marina Ruy Barbosa, o seu desempenho agradou tanto que lhe rendeu um contrato de exclusividade com a TV Globo por alguns anos.

As novelas para adultos são as mais frequentes, mas existem as telenovelas infantis, como *Bambuluá*, produzida pela Rede Globo.

O tipo de participação varia de protagonista – que tem uma participação mais importante – a figurante ou elenco de apoio. Figuração para criança pode ser interessante, dependendo de alguns fatores. A ex-agente Acrisia Monteiro lembra-se da pequena Mirela, que com apenas 1 mês foi contratada para participar de uma novela no SBT durante dois meses. "Houve um respeito total. O carro da emissora ia buscá-la e levá-la em casa. O carinho foi tanto que teve ator que chegou a visitar a criança em casa depois da novela. O cachê foi bom e sua mãe, que trabalhava na portaria do meu prédio, ficou feliz", diz a agente.

Programas diversos

Além dos programas de TV mais tradicionais, existem os humorísticos. *A Turma do Didi*, da TV Globo, deu oportunidade para artistas mirins como Debby Lagranha e Lívian Aragão, filha do comediante Renato Aragão. Therese Lagranha, mãe de Debby, afirma: "*A Turma do Didi* foi um grande cartão de visitas para a minha filha".

No gênero *sitcom* (comédia de situação), o programa global *Sai de Baixo* ganhou audiência com a entrada de um pequeno ator. A agente Márcia Pecci conta: "Lucas Hornos ficou famoso aos 8 anos como o personagem Caquinho, filho de Caco Antibes. Ele era muito bom. O ator José Wilker, que dirigia o programa, encantou-se com seu jeito e decidiu na hora que o papel seria dele".

Existem também os programas que fazem simulações com atores para contar uma história real. São as chamadas dramatizações.

Especiais

O programa *Criança Esperança*, produzido pela Rede Globo, já contou com a participação de inúmeras crianças. Anônimas ou famosas, elas já emocionaram e divertiram o público cantando, dançando, interpretando ou simplesmente marcando presença. Um show com toque de boa ação, pois a missão de um evento desse tipo é incentivar os espectadores a doarem dinheiro para ajudar a quem precisa. Para participar de um evento desse porte, a criança precisa ser muito segura. Guillermo Hundadze foi convidado pela produção para participar. Sua mãe, Deborah, constata: "A Lívian Aragão, filha do humorista Renato Aragão, cantava com mais quatro crianças e o Guillermo era uma delas. Apesar de já ter feito novela, ele teve ali, pela primeira vez, a sensação de se apresentar para um público grande". E as celebridades mirins recebem tratamento VIP nesses momentos. Foi o que aconteceu com Bruna Marquezine e Lívian Aragão, que numa das edições foram produzidas por um salão infantojuvenil para a gravação. Parte da equipe foi até o hotel onde as meninas estavam hospedadas. É muito luxo para tão pouca idade.

A agente Pamela Andalaft lembra de outra forma de participação na TV: "O produtor da Rede Record selecionou algumas crianças para participarem de brincadeiras com os apresentadores do programa *Hoje em Dia*. Esse tipo de trabalho não envolve nenhuma forma de pagamento. Foi uma participação especial. Fazemos para 'entrar' na emissora e satisfazer um pouco as crianças e mães".

Cinema

Eles dão um show de interpretação, emocionam, divertem, cativam o público. De *Pequena Miss Sunshine* a *Encantadora de Baleias*, é possível sentir o talento que os artistas mirins têm para interpretar.

Therese Lagranha fala sobre a filha famosa, que já participou de filmes como *Xuxa Popstar* e *Xuxa e os Duendes*: "Debby sempre adorou fazer cinema, por ser uma arte milimetrada, tranquila e cautelosa, um pouco como ela. Além disso, sempre foi curiosa pela parte técnica que a cerca (câmeras, mesa de som, mesa de luz etc.)".

Seja um longa, um média ou um curta-metragem, esse é, geralmente, um trabalho importante para a trajetória profissional. Bom para o currículo quando a atuação é marcante, especialmente quando o filme participa de festivais e arrecada prêmios. Alguns filmes ganham grande reconhecimento internacional.

Teatro

As crianças muito pequenas praticamente não participam de peças teatrais mais elaboradas. A partir dos 8 anos é que se torna mais comum ver a criançada atuando no palco, ao vivo, sem cortes nos erros, como a televisão faz.

Não dá para enganar. É preciso ter talento de verdade. Diante do público, é preciso mostrar desenvoltura e boa memória, entre outras capacidades. Alessandra Libardi era a única criança com três papéis em *Deu a Louca nas Lendas*, com muito texto e movimentação de palco. "Sempre tive facilidade para decorar. Quando você gosta de uma coisa, faz com amor e consegue fazer bem."

Ivan Martins, diretor teatral e preparador de atores mirins, fala: "O teatro é uma escola. Dá mais maturidade para o ator, mais técnica, tem um peso maior. O ator de teatro tem mais tempo de estudo, mais tempo de ensaio".

Para que um espetáculo fique o mais perfeito possível, é preciso ensaiar bastante, especialmente quando tem atores mirins. Perto da estreia, os ensaios ficam ainda mais intensos, ocupando mais horas, mais dias.

Sobre o resultado do trabalho, Ivan comenta: "Não existe regra. O teatro pode ter tudo de melhor – figurino perfeito, ator famoso, diretor ótimo, texto maravilhoso – e não ser o sucesso esperado. Às vezes, os atores não são famosos e a peça faz um sucesso enorme".

Os musicais exigem ainda mais dos artistas, especialmente os pequenos, que ainda não tiveram muito tempo de vida para se preparar profissionalmente. Superproduções contam com professores de canto, de dança etc. Por tudo isso, deixam o currículo da criança mais importante.

Videoclipes

A participação de crianças em videoclipes costuma ser rara e, quando existe, é pequena. Por outro lado, os videoclipes são exibidos diversas vezes, principalmente se a música for muito popular. E o trabalho será eternizado de acordo com a importância da música e dos artistas envolvidos.

Vinhetas

A vantagem de participar da abertura de um programa de TV é que o artista aparecerá todos os dias em que ele for exibido.

Vitrine viva

As crianças ficam dentro da vitrine de uma loja, como se fossem manequins. Em alguns casos, o cliente pede que façam uma *performance* ou alguma movimentação.

Outras oportunidades

Algumas oportunidades não são profissionais, não envolvem cachê, mas colocam a criança em contato com o mundo artístico. E ela chega a se sentir artista.

Assistir de perto a um programa infantil pode levar as crianças ao delírio. Não é pago cachê, mas chegar perto de ídolos como Angélica, Eliana e Xuxa pode se tornar um dia inesquecível na vida dessas pessoinhas. Algumas crianças têm a oportunidade até de participar de gincanas e jogos, ganhar presentes e sair dali numa atmosfera de encantamento.

As revistas voltadas para mamães estampam filhos de leitoras. Fotos caseiras são enviadas para a redação de uma revista e aquela que for escolhida sairá na outra edição. As famílias já ficam orgulhosas de ver alguém do seu sangue ilustrando a revista do mês.

A internet ampliou essas oportunidades. A empresa de cosméticos Natura, que criou a linha infantil Mamãe e Bebê, lançou uma campanha para divulgar o blog voltado para mamães e bebês com histórias das próprias leitoras.

E, com criatividade e talento, é possível criar as próprias oportunidades. Caroline dos Santos nasceu na periferia e com talento de sobra. Começou aos 6 anos suas atividades artísticas e não parou mais. Aos 13, ela já fazia um trabalho social com crianças carentes em Guarulhos, abria eventos com monólogos criados por ela, animava festas e atuava como repórter mirim em sua comunidade. Ela fala sobre a personagem que criou: "A 'boneca' é bem extrovertida, adora crianças, canta, dança e faz roda de leitura com a galera".

Dica preciosa: as melhores oportunidades geralmente são geradas pelas agências mais importantes do mercado. Mas, enquanto a maioria espera que as oportunidades surjam, alguns criam as suas. O ator Guillermo Hundadze, aos 12 anos, com um currículo já repleto de grandes trabalhos, também se mostrou dono de projetos importantes. Deborah conta sobre o filho: "Ele começou a escrever uma história para um longa-metragem em que iria viver dois personagens (gêmeos). Para isso, me colocou para estudar e aprender a fazer roteiro".

Nome artístico

A mudança no nome de uma criança não é necessária e pode levar a uma confusão psicológica. Não recomendo. Imagine se a mãe da Bruna Marquezine colocasse em sua filha o nome artístico de Carla Drumond. Em casa, Bruna; na rua, Carla. Você não acha que isso causaria uma confusão mental na pequena atriz?

Paulo Pompéia, ator e diretor de capacitação do SATED SP, conta: "São poucas as crianças ligadas ao sindicato dos artistas que têm nome artístico muito diferente do seu nome próprio, mas existem. Às vezes, a mãe chega com sugestões de um nome diferente porque acha sonoro, bonito. Eu não incentivo porque acho que a pessoa tem que ter a sua individualidade e deve saber fazer o seu nome. Tem quem não goste do próprio nome. Se uma garota se chama Maria Benedita e prefere Jacqueline Piercing, imagine-a quando tiver 60 anos. Quem vai continuar chamando-a de Jacqueline Piercing?".

Mais adequado é trabalhar com o próprio nome, escolhendo uma opção forte e diferenciada quando se tem mais de dois nomes. Se a criança tem quatro nomes, escolha apenas dois que sejam marcantes.

Às vezes, o próprio nome já tem jeito de nome artístico, o que em alguns casos não é mera coincidência. A agente Ieda Ribeiro se lembra de um caso em que a mãe de uma criança disse que sabia que sua filha seria uma estrela. "E essa mãe colocou em sua filha o nome de uma famosa atriz de cinema de Hollywood."

Alguns artistas mirins trabalham com apelidos que ganharam no convívio familiar e de amigos. Nesse caso, não haverá problema de identidade, porque já se tornou um hábito serem chamados assim. E, se a mudança for sutil, melhor ainda. Lya Yumi conta: "O nome artístico da minha filha foi criado por acaso. O seu nome de batismo é Julia Kei Nakakuki; no dia em que preenchemos a ficha na agência de modelos em que ela entrou, o meu marido fez o "a" de Juli**a** parecido com um "e" e assim nasceu o nome Julie Kei. Eu gostei, ficou sonoro e passei a chamá-la mais de Julie do que de Julia".

A intenção do nome artístico é tornar-se único, ganhar destaque entre muita gente. Afinal, artista no sentido apropriado é aquele que é único, que cria, que se diferencia dos demais. E o nome reflete esse pensamento. Seja Thaty do Bambolê, Jacarezinho ou Lu Dandara, todos esses nomes ficaram marcados na mente de quem os conheceu.

> Dica preciosa: vale fazer uma pesquisa na internet e outras fontes para saber se existem outras pessoas com nome igual ao da criança antes de definir o "nome de guerra".

Preparo para a carreira

Bebê não treina para começar a carreira de ator ou modelo. Basta ter o perfil que se pede e dar início ao trabalho. Que fácil!

Os bebês passam por um processo natural de desenvolvimento. Algumas habilidades precisam do tempo que a natureza especificou para cada um avançar. Outras podem se desenvolver mais rápido diante de estímulos. E algumas habilidades podem ser desenvolvidas a partir de um verdadeiro treino. Uau! Treino para bebê? Sim. Bebês podem entrar para a natação, por exemplo. E são lindos os trabalhos que exibem os bebezinhos nadando. Um filme publicitário de água mineral exibiu vários bebês nadando, o que facilmente encanta o público. Já um vídeo sobre natação para pequeninos era exibido num site especializado nessa faixa etária.

> O que a criança já consegue fazer? Essa é uma boa pergunta para descobrir se ela vai se destacar num determinado trabalho.

Conforme a criança vai crescendo, abrem-se as possibilidades para aprender as técnicas ligadas às atividades procuradas, além de ser adequado buscar um aprendizado complementar. O treinamento para a carreira começa a se tornar mais importante.

Os cursos para modelos infantis não são muitos. Alguns instrutores aceitam alunos a partir de 4 anos, mas o treinamento é menos rígido, mais lúdico. É quase uma brincadeira que treina para o trabalho.

Da mesma forma são os cursos para atores. Algumas escolas de teatro começam com jogos, formas de ensinar diferenciadas, tudo para conquistar o público mirim enquanto insiste em seu progresso. A agente Ieda Ribeiro diz: "Sou a favor das brincadeiras de teatralizar". Em geral, os pequenos adoram esse tipo de aprendizado. Nos colégios tradicionais em que há curso de teatro, muitos alunos são capazes de faltar nas aulas normais, mas não querem faltar na aula de teatro.

Ivan Martins, diretor teatral e preparador de atores mirins, opina: "Acredito na preparação da criança a partir da alfabetização, quando ela já sabe ler e escrever. Antes disso, é como um papagaio que apenas repete o texto que falam para ela. Não é essa a minha pedagogia. Há crianças pequenas muito talentosas, mas são minoria".

Workshop para crianças é um desafio para quem vai ministrá-lo. Em geral, os cursos funcionam melhor com os pequenos. Para que a criança tenha interesse, é bom que o evento conte com atividades divertidas, brincadeiras que ensinem. Já os pais podem participar de eventos desse tipo e aprender como colocar seus filhos no caminho certo.

A consultoria de marketing artístico, que é uma orientação de carreira criada por mim, também é muito indicada para os pais. Eles vão aprender vários aspectos do mercado de trabalho para crianças e recebem uma estratégia – um passo a passo – para que seus filhos sigam o melhor caminho dentro da carreira artística.

Difícil seria prender a atenção de crianças pequenas numa palestra. Imagine todos paradinhos, ouvindo uma palestrante falar por mais de uma hora. Eu gosto de fazer palestra-show. Para a criançada, isso pode dar certo. Uma palestra com um tom divertido, fotos engraçadas, com uma apresentação mais teatral. Vale até usar fantasia no palco.

O ator Paulo Pompéia opina: "A criança tem um modo de aprender diferente do adulto, que está preocupado em pagar as contas etc. A criança está livre, então seu aprendizado é rápido. Por outro lado, elas são autênticas. É preciso muita psicologia para lidar com elas".

É muito bom ter um preparo para a carreira que se está seguindo. As chances se ampliam, especialmente em campanhas publicitárias, que precisam imediatamente do artista no perfil desejado. Se um produtor de elenco busca uma criança que saiba nadar, não dá tempo de esperá-la aprender. Só consegue o trabalho quem já sabe. No caso de novelas, ainda é possível se preparar após a contratação. É extremamente normal

Cursos interessantes para artistas mirins

Dança: as meninas atraídas pela dança podem iniciar no balé por volta dos 3 anos. Mais crescidinhas, podem fazer outros tipos de dança, tais como jazz e sapateado. Os meninos também podem aprender a dançar. *Street dance* é uma das modalidades escolhidas por eles – mas, num desfile da grife infantil Lilica Ripilica & Tigor, foram as meninas que deram um show ao dançar esse estilo.

Dublagem: alguns atores mirins também dominam técnicas de dublagem, ampliando as possibilidades de trabalho e melhorando a capacidade de leitura, de interpretação e a dicção.

Esportes: com poucos meses de vida, é permitido que uma criança pratique natação. Judô, tênis e outras modalidades esportivas podem ser iniciadas na infância.

Etiqueta social: existem cursos voltados para crianças que abordam o comportamento não apenas profissional, mas para situações simples da vida e que vão ajudar na carreira artística também.

Idiomas: muitas crianças entram em contato com outros idiomas – como o inglês – antes de entrar no Ensino Fundamental.

Interpretação: seja para teatro, TV ou cinema, contribui para a desenvoltura da criança.

Música: existe o ensino de musicalização para bebês – os pais podem estimulá-los colocando músicas para eles ouvirem (infantis, clássicas etc.). Conforme crescem, já podem começar um aprendizado que muitas vezes leva à profissionalização.

ver os atores famosos aprendendo a tocar um instrumento, a dominar um esporte ou um tipo de dança para fazer uma determinada novela. É preciso se empenhar muito para fazer certas personagens. Além de leitura de textos e *workshops*, às vezes é necessário fazer aulas de equitação, de balé ou algo desse tipo. Os atores anônimos nem sempre têm essa chance e é mais comum serem contratados quando já estão preparados para o personagem que vão interpretar. Ou surpreendem positivamente quando demonstram alguma habilidade na hora do trabalho. O fotógrafo Serapião conta: "Fiz um catálogo em que o cliente queria mostrar crianças em movimento. Para que elas não ficassem cansadas de pular à toa ou se machucassem se usássemos outro recurso, arrumei uma cama elástica baixinha para elas pularem. Uma delas, com 7 anos, tinha feito ginástica olímpica e acabou fazendo várias performances, o que foi ótimo. Outra criança tinha medo de pular e tivemos que substituí-la".

Uma habilidade desenvolvida pode se tornar o diferencial do pequeno artista. A atriz Thatiana Oleinik ficou conhecida como "a rainha do bambolê". Ao exibir sua performance com 28 bambolês ao mesmo tempo, ela ganhou espaço na mídia e conquistou trabalhos.

A escolha de um bom curso

Além da escola tradicional, vale investir em cursos na área artística e em esportes. Mas é importante fazer uma boa escolha. Cursos são como grifes: se o nome é forte, o mercado aprecia; se o nome não é forte, bem reconhecido pelos grandes profissionais da área, pelo menos deverá ser ótimo. Ou bom o suficiente para dar o primeiro passo numa carreira brilhante. O consagrado ator Caco Ciocler conta: "Comecei a fazer teatro amador aos 10 anos, num clube". No momento de escolher uma escola de teatro, por exemplo, faça uma avaliação crítica em relação à formação dos professores, à estrutura oferecida, ao conforto do espaço, à localização, entre outros fatores. Vi um anúncio de curso de modelo com vários erros de português ("As inscrições poderão *serem* feitas"...). E já vi professor de interpretação falar errado. Quem aprende a interpretar com quem não conhece bem a língua portuguesa pode ter um grande "pobrema" no futuro. Eu considero o ator, e até mesmo o modelo, um profissional da área de comunicação. Seu trabalho está incluído no processo de comunicar. Se os atores são comunicadores, devem fazer isso muito bem. Aliás, seria maravilhoso se houvesse aula de língua portuguesa nos cursos de interpretação. O diretor teatral Carlos Henrique Pimentel concorda e comenta sobre alguns alunos do curso de teatro: "Há certas dificuldades em leitura, e isso é muito ruim, porque o texto é o primeiro recurso do ator".

Os cursos de interpretação para criança são apenas preparatórios para que um dia ela aprofunde seus conhecimentos, caso queira continuar a carreira quando crescer. Eles são o primeiro passo para uma trajetória bem-sucedida. O ator e preparador de elenco Beto Silveira, que teve como alunos muitos atores que se tornaram reconhecidos, enfatiza a importância do preparo profissional: "Ninguém chega para pilotar um avião sem se preparar antes. É preciso estudar, investir em conhecimento na área artística também, assim como em outras profissões".

A experiência: um aprendizado de ouro

Boa parte dos artistas mirins ganha preparo profissional com a prática. Alguns nem fazem curso de modelo ou de atores. Aprendem "na raça". Aprendem a desfilar, fotografar, atuar e apresentar programas com grande desenvoltura. Como profissionais donos de um currículo considerável, eles posam para fotos, desfilam e atuam com a desenvoltura de artistas experientes.

Depois que a criança se acostuma com as câmeras todo dia, decorando texto, gravando, falando para a câmera, improvisando, ela fica diferente, tornando-se especial. Ela desenvolve uma capacidade de comunicação diferente de outras crianças.

Os responsáveis pelas crianças se beneficiam da experiência em outros aspectos. Eles passam a entender melhor o funcionamento do mercado artístico ao observar atentamente o que acontece nos testes e trabalhos. É bom conversar com outros pais para saber o que eles pensam e o que está acontecendo, porém dê mais importância às opiniões profissionais. Às vezes, alguém pode começar a reclamar de uma situação e exigir, por falta de conhecimento, um direito que não tem. Já vi modelos exigirem cachê adicional para filmar no segundo dia quando já haviam assinado contrato que especificava que o cachê era referente ao trabalho completo, incluindo a possibilidade de duas diárias de filmagem. Nesse caso, pode ser falta de atenção na hora de ler o contrato. É preciso ter cuidado com isso. Em caso de dúvidas, ligue para a pessoa responsável pelo agenciamento da criança ou faça uma consulta profissional, que pode ser com um advogado ou com a assessoria que cuida do artista mirim.

A escola é prioridade

Quem disse que artista não precisa estudar? É importante ler, aprender, treinar. Artista que não estuda tende a "passar fome" no futuro. Assim, as crianças alfabetizadas ganham uma responsabilidade a mais. Quando se mistura escola e trabalho, a primeira não pode parar nem ser prejudicada em função das atividades como artista mirim.

Os atores mirins costumam conseguir estudar para as provas e estudar teatro. A vida dos pequenos atores nem sempre atrapalha na escola. É preciso saber se organizar. É preciso ter horário para ler o texto do teatro e outro para estudar para a escola. A agente Ieda Ribeiro diz que, quando os artistas infantis gostam de atuar, fazem de tudo para ir bem nos estudos para que os pais não os tirem do meio artístico. "Assim, aprendem a se virar na escola." Dá para fazer as duas coisas, mas a criança precisa ser esforçada, tem de querer, tem de ser disciplinada e ter essa habilidade. Em alguns casos, mesmo com esforço não se consegue.

Com o mercado de trabalho cada vez mais profissional, manter-se bem na escola fica mais fácil. Uma agente revela a filosofia de sua agência: "Procuramos marcar os testes em horários que não prejudiquem a criança em relação à escola. Não ficamos bravos com os pais caso não permitam que a criança faça determinado teste por causa da escola. Respeitamos se a criança recusar. Não é permitido que a criança perca aula para fazer teste. No período de gravação, os atores normalmente gravam após o horário escolar. Costumamos negociar, tentamos conciliar com o cliente. Se tem prova, vamos tentar mudar o horário da gravação. E tentamos agendar no horário em que a mãe tem a possibilidade de acompanhar seu filho". Enquanto essa agente busca dar prioridade ao bem-estar da criança, muitos não conseguem. Alguns produtores são flexíveis, mas às vezes é preciso matar aula. Em determinados trabalhos, não tem jeito, porque pode levar um dia inteiro, como quando se trata de casos específicos. Um exemplo disso é uma gravação externa em que vai ser mostrado o nascer do sol.

Inteligência e cultura

A inteligência é inata, mas pode ser desenvolvida através de estímulos. A cultura é adquirida. Sendo assim, vale fazer cursos, estudar, frequentar peças de teatro, cinema, exposições etc. – e que tudo isso, de preferência, seja de alta qualidade, o que vai influenciar na formação de cada um.

Personalidade em formação

Além da escola e dos cursos técnicos da profissão, é possível desenvolver-se nas qualidades pessoais. Se o temperamento não pode ser modificado desde que nascemos, a personalidade pode, especialmente nas crianças, nas quais ela está em plena formação. Com a ajuda dos pais através da educação, de experiências valiosas e de cursos voltados para essa questão, é possível moldar uma criança para que ela seja um ser humano mais amável, disciplinado, mais humilde, mais sincero, menos orgulhoso, mais altruísta, entre outras qualidades magníficas. A simples prática de um esporte pode ser fundamental na construção da personalidade de uma criança.

Informação faz muita diferença

Sorte e azar são duas palavras muito usadas quando não se tem a informação correta. Quando se faz um planejamento consciente da carreira, as chances de obter sucesso são muito maiores. Fazendo uma analogia religiosa, de nada adiantaria acender velas e rezar o dia todo para chegar ao céu se a estrada que você escolheu vai dar no inferno. Da mesma forma, quem deseja ser médico não vai estudar arquitetura para atender doentes no hospital. Siga o caminho mais adequado.

Identifique as qualidades e as limitações da criança. Exiba suas qualidades. Esconda suas limitações e corrija as que forem possíveis. Trabalhe para que algumas delas tornem-se qualidades. Faça o melhor que puder a cada minuto da sua carreira. O progresso é a palavra de ordem.

Como entrar na área artística

Os primeiros passos para transformar uma criança em artista mirim precisam ser dados com cuidado, pois é importante que o início seja adequado, agradável, sem causar traumas. Quem se desilude logo no começo tende a ficar com medo de arriscar adiante e acaba desistindo. Já vi pais caírem em verdadeiras armadilhas porque escolheram a estrada errada para seus filhos, sendo que muitos deles poderiam ter uma carreira sensacional.

A porta de entrada para o meio artístico pode variar de acordo com alguns fatores, tais como: o local onde se mora, a idade da criança e os locais que frequenta.

Aqui estão relacionadas algumas das formas de conquistar um espaço no meio artístico.

- Agências
- Caçadores de talentos
- Concursos
- Consultoria de marketing
- Convenções
- Convites
- Cursos
- Empresários particulares
- Nascer na área artística
- Produtoras de elenco – empresas
- Produtores de elenco – pessoas

Caçadores de talentos

Eles podem estar ao seu lado, em qualquer lugar. Existem os caçadores de talentos profissionais, que ganham dinheiro ao apresentar um talento para as agências, e todos os outros que são capazes de gerar oportunidades para os artistas: agentes, diretores de filmes, estilistas, produtores, pessoas que só querem ajudar e podem porque conhecem alguém importante nessa área etc.

Certas agências de crianças caçam talentos da mesma forma que as agências de adultos. Algumas sediadas na cidade grande costumam ir em busca de novos talentos pelo Brasil afora, seja em Recife, Salvador, Belo Horizonte ou outros locais. Uma agente do Rio de Janeiro trabalha assim: "Fui a Foz do Iguaçu e vi umas trezentas crianças. Dessas, escolhi a melhor, que foi contratada para uma novela de uma grande emissora. Também costumo caçar talentos em eventos. Vou ao teatro, mas não escolho a criança do palco, e sim a que interage com a do palco. Sento na plateia e observo essas crianças. É para elas que eu dou um cartão e peço ao responsável que entre no site para me conhecer. Se houver interesse, que ele me ligue. Não peço telefone nem nada". Os pais desconfiam, e eles estão certos, visto que há aproveitadores soltos por aí misturados aos profissionais sérios desse mercado. Inúmeras vezes eu tive vontade de abordar pais de crianças que me chamaram a atenção pelo potencial para o meio artístico, mas deixei de fazer um convite justamente por isso. Os pais muitas vezes desconfiam e eu me sentiria constrangida nessa situação. Por não ser scouter profissional, normalmente não faço o convite. Se houver uma oportunidade, eu comento que a criança deveria seguir esse rumo e dou um cartão do site que criei, com notícias e serviços para esse universo.

Convenções

Esses eventos reúnem aspirantes à carreira, que ficam imersos no mundo em que desejam entrar. Muitas convenções duram dois dias. Num curto espaço de tempo, eles assistem a palestras, fazem aulas de passarela e fotogenia e são avaliados por agentes que participam do evento. Crianças e adolescentes são apresentados ao mercado com o sonho de ingressar no meio artístico. Quem mora longe precisa viajar e, além de pagar para participar da convenção, precisa arcar com despesas de hotel, transporte e alimentação. E para os menores a despesa é bem maior, visto que precisam ser acompanhados pelo responsável. Eu já participei de alguns desses eventos como palestrante. Considero muito válida a convenção, porque os participantes aprendem bastante, mas a desvantagem é que se gasta bastante dinheiro e nem todos são escolhidos pelas agências presentes.

Nascer na área artística

A pergunta que muita gente faz talvez você já tenha feito: "Por que tantos filhos de artistas ganham espaço quando seguem a carreira dos pais?". É bastante comum ver modelos, atores, cantores e músicos que seguiram os passos dos pais e chegaram ao estrelato. Seria uma questão ligada à genética? Em muitos casos, sim. Mas não é apenas isso.

Se você prestar atenção, vai notar que isso também acontece com filhos de advogados, médicos, empresários, publicitários, pedreiros etc. Você tem um modelo a seguir dentro de casa. As conversas na hora do almoço, as discussões sobre o dia de trabalho na hora do jantar e a proximidade com aquela profissão são como um curso ao longo da vida. Se você gosta da sua profissão e, especialmente, está feliz com ela em termos financeiros, é provável que seus filhos queiram segui-la. Se os pais reclamam das dificuldades da profissão que seguem e se queixam do salário, os filhos tendem a seguir um caminho diferente.

Na realidade, os privilegiados não são apenas os filhos. São os sobrinhos, irmãos, primos, netos e qualquer parente que receba o apoio de quem tem influência na área desejada. De qualquer forma, o fato de ter alguém para abrir as portas não é suficiente para chegar ao sucesso. Alguns fatores colaboram para que isso aconteça, tais como: talento, vocação, inteligência e beleza (no caso dos modelos). E não adianta muito dar chances para não profissionais. É preciso saber usar a oportunidade e conseguir dar continuidade da melhor maneira.

Outra pergunta é: "Eles são melhores que as crianças que têm pais trabalhando em outras áreas?". Por ser filho de alguém famoso, pode até ser mais fácil encontrar a estrada certa para o sucesso e ser colocado nela, mas também se pode topar com algumas barreiras. Uma delas é o preconceito. O público diz: "Ah, ela só entrou para a televisão porque o pai também é ator". Outra é a comparação, inevitável, ao profissional que alavancou a sua carreira. "Ela não chega nem aos pés da mãe, que é bem mais talentosa." As críticas podem chegar como avalanche, em especial quando o artista jovem não está preparado tecnicamente nem emocionalmente. Um profissional seguro e que domine suas técnicas vai seguir com mais tranquilidade. Ou seja, o filho de um ícone no universo artístico precisa ter coragem para enfrentar tudo isso.

Entre as vantagens estão os *flashes*, que surgem quase que naturalmente. Os filhos de celebridades já nascem diante dos *flashes*. Eles não precisam de muito esforço para estampar uma revista ou participar de um desfile. E que jornalista não daria atenção para a primeira novela de Gabriela Duarte, filha da já consagrada atriz Regina Duarte? Pouco esforço é preciso para ganhar espaço na mídia nesses casos.

Especialmente no caso dos jovens atores, é fundamental que eles se esforcem para desenvolver seus talentos, que criem seu estilo, construam sua própria "marca", sua identidade, trazendo uma nova linguagem de trabalho, para que no futuro possam até superar o sucesso dos parentes. Que o profissional torne-se tão bom que ganhe força pelo seu trabalho, que o público deixe de se referir a ele apenas como "o filho de fulano". Assim, as novas gerações vão se aprimorando naquilo que se propuseram a fazer.

De todo jeito, apresentar um cartão de visitas – ou um composite – com um sobrenome respeitável faz diferença, impressiona, chama a atenção de quem está contratando.

Filho de famoso

Faça uma pesquisa sobre Sasha, filha de Xuxa e Luciano Szafir, e você vai perder as contas de quantas aparições a menina teve na mídia. Sasha espirra, vai à escola, faz sua apresentação de balé, encontra as amigas, tudo é motivo para os holofotes se virarem para ela. Até as situações do cotidiano a levaram para as capas de revistas famosas. Quanto mais famosos os pais, maior o número de aparições na mídia, a não ser que os papais célebres protejam a criança de muita exposição.

Publicitários atentos também aproveitam a audiência que esses pequenos despertam para criar campanhas atraentes. Especialmente em campanhas do Dia das Mães e do Dia dos Pais, segue-se com frequência a fórmula de usar artistas famosos com seus filhos.

A pessoa famosa nem sempre é da área artística, mas seu reconhecimento pelo público já basta para que isso vire oportunidade para os seus filhos. Uma campanha da Amway exibia a foto do atleta Lars Grael com a esposa e os dois filhos.

Manuela Barum, filha da atriz Karina Barum, aparece na mídia com frequência. Já foi convidada para fazer um longa-metragem, entre outras oportunidades. Ainda na barriga da mãe famosa, participou do filme *O Quinze*, baseado na obra de Rachel de Queiroz.

Foto de José Rubens Moldero

E assim surgem as oportunidades de se fazer ainda mais dinheiro. Yasmin Brunet – filha de Luiza Brunet, *top model* que despontou nos anos 1980 – sempre teve facilidade para estar na mídia e fez bom uso disso ao escolher a carreira da mãe, conquistando sucesso em passarelas cobiçadas. No mundo da interpretação, ícones como a talentosa Angelina Jolie e a brasileira Fernanda Torres decidiram seguir os passos da família, ganhando brilho próprio. Na área musical, também é comum os filhos de artistas fazerem sucesso, dando continuidade à carreira dos pais.

Produtoras de elenco – empresas

Antes de enviar qualquer material (foto, composite, currículo, videobook etc.) para uma produtora de filmes ou de comerciais, é melhor primeiro entrar em contato com a empresa e verificar se eles gostariam de receber seu "kit artístico" e se existe alguém ou algum departamento específico para isso. Muitas produtoras não possuem um lugar para guardar o material e não querem receber nada sobre modelos e atores quando não estão precisando deles. Assim, quando precisam contratar artistas, eles ligam para as agências especializadas e pedem apenas as fotos de quem está dentro do perfil procurado.

É mais adequado enviar o material para os produtores de elenco autônomos, chamados *freelas* por serem contratados por cada produção de comercial, ou para empresas criadas especificamente para fazer produção de elenco.

Consultoria de marketing

Para a escolha da melhor empresa para representar uma criança, o ideal é fazer uma consultoria de marketing artístico para que ela seja encaminhada para o lugar mais adequado. No ano 2000, eu criei esse serviço no Brasil devido à minha passagem por uma grande produtora de filmes publicitários somada a outras experiências e às minhas pesquisas sobre o mercado.

Na consultoria, eu faço um trabalho personalizado em que cada cliente vai tirar dúvidas sobre a profissão, aprender coisas novas e sair com uma estratégia diferente. Cheguei a indicar duas irmãs gêmeas para agências diferentes porque seus talentos e desejos eram incompatíveis. Uma queria ser modelo de passarela e a outra odiava desfilar, só queria ser atriz.

A indicação feita por alguém que trabalhe nessa área, especialmente amigos e parentes, pode até ser um bom caminho, mas é preciso ter certeza de que a pessoa que indicou realmente conhece o mercado e está fazendo a melhor indicação.

Um cliente meu de 15 anos falou, durante uma consulta, que acreditava que teria facilidade para entrar numa agência muito importante do mercado porque sua mãe conhecia a dona. Durante a conversa, descobri que o nível de relacionamento delas era bem superficial, pois sua mãe era corretora de imóveis e a famosa agente havia procurado uma casa para comprar na imobiliária onde ela trabalhava. Isso até poderia ajudar, se o menino não estivesse usando aparelho fixo nos dentes e tivesse o perfil adequado para a tal agência. Resultado: ele não conseguiu entrar na agência citada naquele momento, mas numa das ótimas agências que indiquei, adequada para a sua idade e perfil. O mercado está cada vez mais profissional e indicações fora do contexto não funcionam. É como indicar um enfermeiro para exercer a medicina. O dono do hospital pode ser o melhor amigo de quem indicou, mas não vai funcionar. Digo sempre que a consultoria é como montar um quebra-cabeça, pois as peças devem se encaixar perfeitamente. Do contrário, o jogo estará perdido.

Após a consultoria, ou uma pesquisa em lugares confiáveis – internet, jornais, revistas, TV e outros –, deve-se dar os primeiros passos. Em alguns casos, pode ser que a melhor solução seja participar de um concurso. Em outros, ir à agência e depois fazer fotos, ou pode ser o inverso. Tudo vai depender do contexto: onde você está, em que época do ano, a idade da criança, qual a sua classe social, a sua disponibilidade financeira para investir em book, cursos etc., entre outros fatores.

Os bebês, por exemplo, têm um tratamento bem diferenciado em algumas agências. Muitas evitam cobrar altos valores pelo material fotográfico, conscientes das mudanças físicas aceleradas. Algumas nem exigem fotos profissionais e trabalham apenas com fotos caseiras.

> A consultoria vai sanar um problema existente no mercado. Os pais se preocupam com a carreira dos seus filhos. Querem que seja feito um book apropriado para o direcionamento deles no mercado. Querem saber qual o melhor profissional e como proceder em relação às fotos. Entram em contato para obter informações sobre todo o processo de entrada na carreira, mas muitas vezes não obtêm as respostas. Eles esperam orientação das agências, que nem sempre disponibilizam tempo para isso.

Para deixar as preocupações de lado, uma boa orientação é fundamental. Raquel, mãe de Rebeca Kethely, demonstra as dificuldades que são encontradas quando falta orientação para ter sucesso nesse meio: "A minha filha entrou na carreira de modelo quando tinha 1 ano e 3 meses. Resolvi levar a Rebeca a uma agência e de lá para cá nunca mais parei de colocá-la em agências. Ao todo, ela entrou em mais de vinte, perdi a conta. Umas boas e outras nem tanto. Perdi muito dinheiro na ilusão de fazer pelo menos um trabalho. Passou-se 1 ano e 7 meses e ela conseguiu fazer uma figuração para um programa na TV Band. Foi uma experiência muito bacana, porque era a primeira vez que ela estava participando de uma gravação, e se saiu muito bem. Estava com 2 anos e 9 meses. Essa carreira é muito concorrida, mas estamos sempre confiantes". Depois desse dia, Raquel foi bem orientada e Rebeca fez trabalhos bem melhores: curta-metragem, desfiles e foto para revista.

Um caso de sucesso: no cabeleireiro, dei um cartão para a mãe de Julia Beneduzi, dizendo que a menina era linda e mostrava-se perfeita para entrar na carreira artística. Comunicativa, esperta, inteligente, chamou a minha atenção. A mãe só me ligou seis meses depois, arrependida de ter ido a uma agência por conta própria. Ela dizia: "Minha filha é linda e conseguiram deixá-la feia nas fotos. Além disso, não surgem trabalhos para ela". Após a consultoria, Julia – com 5 anos – fez vários trabalhos importantes em menos de um mês. Não se trata de um milagre. Eu apenas a direcionei para uma agência mais adequada. E ela realmente tinha todas as qualidades necessárias para conquistar sucesso.

Concursos

Os concursos de modelos infantis podem ser um ótimo começo. Se o concurso for sério e não um caça-níquel, vale a pena participar. Alguns desses eventos tornaram-se bastante conhecidos e uns entraram para a história da profissão. O concurso para escolher o bebê representante da empresa Johnson & Johnson tornou-se um marco para a publicidade e para os consumidores. Os concursos organizados pelas revistas voltadas para mamães e o Top Models of Tomorrow, criado por Solange Meneghel, irmã da célebre Xuxa, também se tornaram famosos e ganharam muitas edições.

Outro tipo de concurso frequente é o de miss infantil. Embora o mercado de trabalho não se impressione tanto com os títulos de miss, algumas meninas que ganharam muitos títulos acabaram fazendo sucesso quando adultas. Tudo porque a beleza delas atravessou os anos e continuou chamando a atenção de quem estava ao seu redor.

Concursos de pouco alcance, locais, de cidades pequenas, ou apenas de um bairro, servem mais para diversão. Normalmente, não têm poder para levar as crianças ao estrelato, mas, se o objetivo é guardar esse momento como recordação familiar, não há problema.

Há quem se coloque contra a participação em concursos para não estimular a vaidade na criança. Por outro lado, mesmo na vida de quem não é artista mirim é possível ver o estímulo à vaidade por parte da família. Quase todos elogiam a beleza dos filhos.

O que nunca é indicado é forçar a criança a participar, cena que já presenciei algumas vezes. As que têm vontade de participar aproveitam bem o momento, mas há outras que choram muito enquanto os pais as empurram para desfilar. Dá vontade de chorar junto com elas ou de chamar os pais para uma conversa séria. Do ponto de vista psicológico, isso só faz mal para as crianças. Elas não são bonecos, mas seres humanos que sofrem com situações como essas. É uma violência quando a mãe dá um tapinha numa criança de 2 anos para que ela desfile para um público desconhecido, sem ter consciência do que está fazendo.

Procedimentos

Pesquise, descubra se o concurso é sério, leia o regulamento todo e verifique a idade permitida e a data de inscrição.

Evite concursos menos conhecidos e pagos. Se for preciso desembolsar algum dinheiro para participar, verifique o motivo e, se a causa for justa, siga adiante.

Normalmente, é necessário enviar fotos e uma ficha preenchida. Claro que as fotos profissionais mostram os pequenos candidatos de forma mais adequada, mas em geral isso não é exigido.

É recomendável fazer a inscrição apenas se a criança estiver de acordo com o padrão que os organizadores pedem. As chances serão sempre maiores quando a criança estiver dentro do perfil desejado. Do contrário, todos perdem tempo e os organizadores ainda podem ficar com uma imagem negativa da criança e dos responsáveis por ela. Há quem pense que deve arriscar, acreditando que eles podem mudar de ideia, mas, ao tentar participar quando o perfil é distante do desejado, há mais chances de ganhar frustração do que realização.

Concursos que fazem a diferença

Eles abrangem o país inteiro, dão prêmios importantes e podem dar à criança uma história digna de ser contada no futuro.

Os concursos organizados por agências serão importantes se a empresa trabalhar com seriedade. Quando contam com um bom patrocínio, não cobram taxa de inscrição. E se forem ligados a uma ação beneficente, pedem, no máximo, doações de brinquedos ou de alimentos para crianças carentes. Os pequenos vencedores costumam ter o agenciamento garantido como parte da premiação.

Therese Lagranha, mãe da atriz Debby, conta: "Minha filha iniciou sua carreira artística com 1 ano e meio, de forma inesperada. Ela estava acompanhando sua irmã, que era candidata num concurso caça-talentos, no Guarujá, em São Paulo. A produtora ficou encantada com aquela coisinha serelepe pedindo para ser maquiada e penteada e me pediu para incluí-la no concurso. No final de algumas etapas de classificação, Debby foi a escolhida por uma bancada de jurados de agências infantis. Depois desse episódio, não parou mais. Na etapa final, já foi com sua primeira capa, pela Giovanna Baby, na mão. Da publicidade para a TV foi um pulo. Aos 5 anos, foi convidada para comandar o *Clube da Criança*. Renato Aragão a viu e convidou-a para seu primeiro longa-metragem e depois para o programa *A Turma do Didi*".

Para a área de interpretação, também há concursos importantes, especialmente os que estão ligados a programas de TV. A atriz Luana Dandara tinha 5 anos quando entrou no concurso para participar do programa *Gente Inocente*, da Rede Globo. Ela conta: "Na minha escola, fizeram vários cartazes. Fiquei até a final, com apenas três meninas. O programa acabou quando eu seria contratada, mas logo comecei a fazer comerciais. O primeiro foi para o Habib's, que fiz com a Angélica, a Deborah Secco e o Erik Marmo".

A apresentadora Angélica viu sua carreira decolar quando ganhou, aos 4 anos de idade, um concurso do programa do Chacrinha como "A Criança mais Bonita do Brasil".

E foi através de um concurso musical que Priscilla Alcântara conquistou o posto de apresentadora mirim de TV. Beto, pai de Priscilla, conta como isso aconteceu: "Minha filha participou aos 8 anos do concurso Código FAMA Internacional, criado pela Televisa Niños, do México, para escolher o melhor cantor e a melhor cantora mirins. As inscrições no Brasil eram feitas pelo site do SBT, emissora que representava a etapa nacional. Aqui, eram cerca de 35 concorrentes, e na final – que aconteceu no México – participaram mais de 15 países, com as crianças vencedoras da etapa nacional. Priscilla venceu no Brasil e viajou para o México para representar seu país. Celso Portiolli era o apresentador do programa no Brasil e, na final, no México, ele estava lá como jurado. Ao voltar, o Celso pegou todo o *making of* dela durante as gravações e fez uma carta para o Silvio Santos recomendando que assistisse ao vídeo e apostasse na minha filha. Ao final de dois meses, comunicaram-nos que ela tinha sido escolhida para apresentar o *Bom Dia e Cia*".

Concursos no interior

Alguns são eventos pequenos e outros são de alcance nacional, podendo mudar a vida da criança.

> Uma grande rede de lojas realizou um concurso de modelos infantis em Barretos. As crianças selecionadas, de 6 a 13 anos de idade, desfilaram e foram fotografadas num estúdio instalado ao ar livre, com direito a produção profissional. Ainda ganharam como lembrança a sua própria foto impressa, brindes com a marca da loja e uma experiência divertida para contar no futuro. Não mais que isso.

Concursos picaretas

Eles servem especialmente para tirar o dinheiro dos pais que inscrevem seus lindos filhotes. A chance de uma criança obter sucesso através de um concurso desses é pequena. O grande objetivo do organizador é montar um evento em que os pais possam se orgulhar de ver suas crias na passarela enquanto se ganha dinheiro. Em alguns casos, um bom dinheiro. Cobram taxa para inscrição, pedem aos pais que vendam convites para os amigos, vizinhos e a qualquer outra pessoa disposta a pagar para ver o suposto artista mirim.

Se a intenção é se divertir, pode até valer o sacrifício. Pode-se encarar como um dinheiro investido num fim de semana no parque. Mas é preciso pensar se o prejuízo se resume ao dinheiro investido.

É preciso ter muita atenção aos anúncios da internet, especialmente sites menos rigorosos em seu conteúdo. As redes sociais são livres para quem tem boas intenções ou não. E para navegar ali é preciso uma boa dose de informação para descobrir quem é quem num universo de oportunidades, sendo algumas bem duvidosas. Entre as situações não adequadas estão os criminosos virtuais, que incluem os pedófilos.

Nem sempre o concurso é ruim. Eu mesma preciso pesquisar profundamente para descobrir a real intenção do criador do evento.

Pequenas misses

Esses concursos, em nada parecidos com os de modelos, promovem a beleza, sem nenhum compromisso com a carreira de modelo. Geralmente são voltados para meninas. Alguns agentes são taxativos, dizendo que não caçam talentos em concursos de miss infantis porque não aprovam, são contra e não vão a esse tipo de evento. Mas nem tudo está perdido e algumas famílias e suas crianças tiram proveito dessa participação.

Há mães que fazem de tudo para a filha ser modelo, pelo seu desejo ou mesmo pelo desejo da menina, e entram no caminho dos concursos, que muitas vezes se torna um vício. Um prato cheio para os organizadores, que passam a convidar as mesmas mães todos os anos.

Sem saber como recorrer às melhores oportunidades para modelos, as mães acabam inscrevendo constantemente a criança para participar de tais eventos. O Brasil parece refletir um pouco do que acontece no exterior. Osmar Freitas Jr. escreveu na *IstoÉ*, em 1997, que nos Estados Unidos o mercado de concursos de beleza infantil movimentava 5 bilhões de dólares por ano, envolvendo 3 milhões de crianças. De acordo com Freitas, as pequenas candidatas americanas pagavam entre US$ 5 e US$ 600 de taxa de inscrição e chegavam a investir US$ 15 mil em trajes. E apenas 10% dos participantes eram meninos.

O Miss Brasil Infantil se estende a várias partes do país, assim como o concurso voltado para adultos. De Rondônia ao Rio Grande do Sul, garotinhas do Brasil competem por uma história de vida sob a luz dos holofotes.

Um mero concurso de miss pode levar a criança a voos mais altos, mas é interessante questionar até que ponto isso é saudável. A Miss Brasil Infantil disputa fora do país o título de Miss Universo. Natália Stangherlin tinha 5 anos quando foi para o Equador competir com outras meninas. Venceu dessa vez e também no ano seguinte, obtendo o título de Mini Miss Mundo. Foi quando, entre tantas entrevistas, ela ganhou espaço no programa *Fantástico*, exibindo para todo o Brasil um pouco da sua vida. Eleita como a garotinha mais bela do mundo, lá estava Natália, com luzes nos cabelos, unhas pintadas e dentes postiços para disfarçar o "look" banguela. Foi aos 2 aninhos que ela iniciou no mundo dos concursos.

Os títulos que as meninas podem receber são vários: Pequena Estrela no concurso Miss Brasil Infantil, Baby Princess International etc. Elas também recebem homenagens, participam de eventos como VIPs, entre outras coisas. Uma das eleitas no Miss Brasil Infantil marcou presença num Desfile Show Baile, por exemplo.

Se de um lado esse tipo de concurso se reveste de glamour, de outro exibe um lado menos chique, com as roupinhas de princesas e maquiagem carregada. A partir disso, surge a polêmica em torno da erotização infantil. A agente Ieda Ribeiro é enfática: "Acho ridículo quando as crianças estão vestidas como adultas. Se o concurso tiver critérios infantis, é legal".

O filme *Pequena Miss Sunshine* faz uma sátira à valorização de certos padrões de beleza, incluindo a participação de crianças em concursos de miss. Aliás, a pequena atriz Abigail Breslin se saiu muito bem no papel de Olive.

"Criança tem que brincar e não competir em concursos", diz a leitora de um blog. Mas a vida é uma eterna competição.

Internacionais

No mundo mirim, os concursos que mais levam ao exterior são justamente os de beleza, especialmente os de miss. Garotinhas saem do Brasil, acompanhadas normalmente por suas mães, e acalentam o sonho – delas e de suas mães – de receber a faixa que se torna uma prova de sua beleza.

Nos concursos de abrangência internacional, a participante que vence no país em que nasceu vai concorrer ao título máximo com as finalistas de diversos países. Esses concursos de beleza normalmente são voltados para meninas de 5 a 13 anos.

Esse tipo de concurso faz sucesso e se multiplica, principalmente nas regiões em que o mercado de trabalho é pequeno e que reúnem crianças com um tipo de beleza mais tradicional.

Títulos bons para o ego

Na maior parte das vezes, eles não vão transformar uma criança em artista mirim ou fazer diferença na carreira de um pequeno artista. Mas é certo que deixarão a família extasiada com a conquista. Uma mãe gaúcha conta, orgulhosa: "Minha filha foi convidada para receber o título de Embaixatriz do Turismo do Brasil, na categoria míni, depois de verem as fotos dela na internet. Entraram em contato comigo, enviei mais algumas fotos, falei um pouco sobre ela e fizeram o convite". Dias depois, escreveu-me para contar que ela e a filha estavam muito felizes, pois Ana já havia conquistado o título.

Com a popularização da internet, surgiram inúmeros concursos virtuais criados sem nenhuma pretensão, mas para dar alegria aos papais e mamães corujas de plantão. As redes sociais trouxeram a possibilidade de divulgar a imagem das crianças a fim de serem votadas para ilustrar a capa do dia, da semana ou do mês. Mesmo que esses espaços sejam isentos de seriedade, muitas mães veem isso como um prêmio.

Seguindo essa ideia, as revistas mais importantes também criaram oportunidades no mundo virtual. Se antes era preciso enviar cartas para revistas de bebês para ver se o filho era escolhido para estampar a página dos pequeninos indicados pelas mamães leitoras, hoje, com tantas oportunidades, a chance aumenta.

Agências

A maneira mais profissional de encontrar uma chance para as crianças trabalharem é através de uma agência.

As agências que aceitam crianças podem ser de dois tipos: infantojuvenis ou mistas.

As agências infantojuvenis são especializadas nessa faixa etária e são muito parecidas na forma de trabalho, mas possuem algumas características que as diferenciam. Umas trabalham mais com desfiles e fotos de moda. Outras trabalham mais com televisão e cinema. Em geral, pedem ou exigem exclusividade e a criança deve manter a fidelidade para que sua carreira tenha chance de decolar. Todas possuem características um pouco diferentes das que trabalham com adultos.

As agências mistas trabalham com crianças, jovens e adultos. Uma vantagem é que elas não pedem exclusividade e a criança pode se cadastrar em várias agências. Essa categoria de agências não cuida tanto da carreira de cada agenciado. É preciso ter mais consciência para tomar decisões, pois a agência não opina muito nos passos de seus modelos. Os responsáveis é que precisam saber, por exemplo, que corte de cabelo é mais requisitado, se vale a pena aceitar um determinado trabalho ou se é melhor recusar e que cursos a criança deveria fazer para ter uma carreira mais bem-sucedida.

No caso dos pequenos famosos, existe a possibilidade de ter um empresário artístico que faça um trabalho mais personalizado que o das agências. Há empresários que cuidam da carreira de uma celebridade e há outros com escritório bem estruturado cuidando da carreira de até algumas dezenas de celebridades, incluindo crianças.

Primeiros passos para colocar uma criança em uma boa agência de modelos.

Uma das maiores dúvidas que os pais têm é se o melhor é fazer o book antes ou depois de ir a uma agência. Eu digo que o melhor é fazer uma consultoria comigo antes, sem a menor modéstia. É exatamente o que eu penso, pois isso vai depender da agência procurada. Em agências mistas, considero melhor levar o book pronto. Já nas agências que pedem exclusividade, pode ser melhor fazer o book com o fotógrafo preferido delas ou descobrir o tipo de foto e detalhes que elas exigem nas fotos. E isso eles não costumam falar para mães por telefone. Tenho acesso a essas informações mais detalhadas porque trabalho nessa área e eles confiam no meu trabalho, visto que sou parceira e não concorrente. Caso você não passe pela consultoria, terá de fazer uma boa pesquisa e levantar informações detalhadas sobre cada agência para escolher em quais vai passar por uma entrevista. E descobrir se é melhor fazer as fotos antes ou não. Vale telefonar, entrar no site da agência e mandar e-mail. Isso vai tomar um tempo.

Avalie a agência

O que é uma agência boa?

Tem honestidade, é correta em seus procedimentos, responsável, trata bem seus clientes e seus agenciados, tem cuidados com a imagem que passa, oferece conforto, é limpa, está cercada de bons funcionários e equipamentos modernos e faz com que o mercado inteiro goste dela.

Algumas agências têm como filosofia trabalhar "24 horas". Uma agente diz: "Acham-me em qualquer horário e faço sucesso com isso". Mesmo que seja cansativo, é certo que os produtores de elenco adoram trabalhar com agentes que estão disponíveis o tempo inteiro.

Ética é fundamental, mas os próprios agentes reclamam da falta dela. É sempre desgastante e traz problemas quando acontece isso. Existem agências que convidam os agenciados da concorrente em pleno teste para fazer parte do elenco delas. Uma agente diz: "Algumas mães costumam se iludir com as propostas que vêm desses maus profissionais e acabam prejudicando a carreira de seu filho, ou melhor, acabam retardando o sucesso do filho, pois quando a criança tem talento nada a impede de brilhar". Será que uma agência que é desonesta nesse aspecto seria honesta com seus artistas?

Além disso, uma boa agência sempre vai se preocupar com a qualidade do trabalho que a criança está fazendo e com o seu bem-estar. Uma agente do Rio conta: "Um ator meu de 4 anos passou um dia numa praia gravando um comercial de bronzeador. No dia seguinte, a mãe me contou que teria que ficar lá para gravar por mais um dia. Eu disse que não, porque o menino estava muito queimado e o contrato era para apenas um dia de gravação. Falei para ela ir embora, mas não foi. Cheguei às 4 horas da manhã e o diretor já estava colocando todos para gravar o comercial. Ele insistiu, implorou, prometeu gravar cedo e eu falei que ele teria uma hora para gravar. Se isso não acontecesse, tiraria o ator do set. Deu duas horas, peguei a criança e fui embora". Os agentes mais respeitados do mercado chegam a tomar atitudes como essa e muitas vezes conseguem exigir do cliente o pagamento do cachê integral.

Outra questão relevante é a responsabilidade que a agência tem de passar informações importantes para os pais. Um dos principais problemas que os produtores de elenco apontam é a falta de informação dos responsáveis que levam a criança para um teste. Muitos chegam ao teste sem saber quase nada – para qual cliente é, do que se trata, qual o cachê, se a criança já tem contrato fechado com o produto concorrente etc. Ficam perdidos, andando pra lá e pra cá com a criança. Se a agência não fala, o responsável precisa perguntar. Uma produtora conta: "A mãe chegou com a criança dizendo: 'Vim para o teste'. Perguntei qual teste, visto que estava acontecendo outro na produtora. Ela disse que não sabia e só tinha o endereço. Eu já sabia que tinha chamado aquela criança, que ela participaria da minha seleção, sabia qual era o teste, mas ela não. Disse, brincando, à mãe que a criança teria que posar peladinha para a *Playboy*. Essa mãe morava longe, pegou ônibus para ir a um teste sem saber de nada. Era um filme que eu ia fazer em Recife e precisava saber se a criança tinha medo de avião, se poderia viajar, se estava disponível nas datas da viagem etc. As mães não podem chegar assim".

A ganância costuma andar junto com a falta de honestidade. Dizer que a pessoa fora do perfil vai brilhar, dizer que um book bem-feito está horrível só para vender o próprio trabalho fotográfico, tudo isso tem como objetivo ganhar dinheiro do jeito incorreto. Algumas dizem que é obrigatório fazer a foto com elas.

Quando a agência comete muitos erros, acaba sendo processada. Um agente diz que a mãe de uma criança do seu elenco caiu em várias armadilhas em Florianópolis. Uma agência de lá possuía mais de 40 processos judiciais. Ele diz: "A criança entrou na minha agência e em apenas um mês fez dois trabalhos sem gastar nada".

Sou contra a cobrança de taxa de inscrição, embora algumas agências boas tenham optado por esse procedimento. Elas alegam que é necessário para cobrir os custos para inclusão de foto da criança no site da agência, para colar a foto numa cartolina, entre outras coisas. E ainda dizem que é bom para "espantar" aqueles pais que não levam isso a sério, que não têm muito comprometimento e que depois dariam problemas – ao pagar, dão mais valor ao cadastramento na agência. Concordo em parte, mas acredito mais nas agências que focam o faturamento com os trabalhos gerados para seu elenco.

Oportunidades

Os clientes em geral não desejam ligar para a casa dos artistas, mas fazem a contratação através de uma empresa especializada, que é a agência. Com isso, ela gera muitas oportunidades de trabalho.

Esse tipo de empresa pode ajudar a conseguir trabalhos importantes. São elas que conseguem arrumar oportunidades para os atores trabalharem em novelas. Fazer um trabalho muito sério é o objetivo das agências mais conceituadas no mercado.

A maioria cadastra apenas quem mora na própria cidade. Outras cadastram crianças do Brasil inteiro e até mesmo quem mora no exterior e vem ao Brasil na época de férias. Nesse caso, os responsáveis avisam que estão no Brasil e o agente tenta encaixar os pequeninos nos trabalhos.

Há mães que fazem boa parte do trabalho, fazendo o marketing dos filhotes, e não esperam somente as atitudes da agência. Às vezes, funciona, mas se a criança estiver numa ótima agência e que acredite em seu potencial, isso não será tão necessário.

O agenciamento

As agências de modelos e atores infantis normalmente agenciam crianças a partir de 6 meses. Até essa fase, a criança é frágil, exige maiores cuidados e não deve se expor ao ambiente de gravações, onde há poeira, calor, iluminação forte etc.

Exclusividade

A exclusividade é uma coisa boa para uns e ruim para outros. É boa para quem tem um perfil muito solicitado. Quem tem um perfil muito específico, um bebê gordinho, por exemplo, que não teria trabalho todos os dias, poderia ter mais sucesso se cadastrado em mais agências. Quando há exclusividade, os pais acabam pressionando a agência se não surge trabalho com frequência.

Se o responsável pelo artista mirim der exclusividade para uma agência, é preciso respeitar, até porque as melhores agências costumam participar dos mesmos testes. Ou seja, se o artista está na agência X ou Y, as oportunidades serão provavelmente as mesmas.

Há quem se recuse a assinar contrato de exclusividade com agência, mas é necessário avaliar até que ponto vale a pena ficar em muitas agências. É sempre bom avaliar bem a situação. Um apresentador de TV mirim não podia fazer publicidade para nenhum concorrente dos patrocinadores da emissora em que trabalhava. Sua mãe decidiu colocá-lo em mais de uma agência nessa fase. Além de tudo, ele estava numa idade mais difícil para conquistar trabalhos publicitários.

Alguns artistas mirins, especialmente os mais conhecidos, chegam a entrar para uma agência e ainda contratam um empresário, que pode cuidar mais dos trabalhos em TV, como novelas, enquanto a agência cuida das campanhas publicitárias e eventos.

Mesmo que isso seja permitido, alguns agentes não gostam de saber que seu artista trabalha para outra agência, sentindo ciúme, como se fosse uma traição. Se houve permissão, não é traição. É importante que todos se respeitem e tenham compreensão mútua. Que o artista faça os trabalhos relativos ao que foi combinado em cada agência e que ela compreenda que seu artista pretende ampliar suas oportunidades de trabalho de forma ética.

Apoio da agência

Sabendo que vai lucrar com determinado artista, a agência pode até pagar o book, a passagem de avião, o curso etc. Dependendo do caso, ela apenas empresta e depois desconta dos cachês dos trabalhos realizados. O agente Dell Santhos já deu esse apoio. "Um menino de 12 anos, de classe social mais baixa, foi selecionado para fazer um filme internacional. A mãe dele era figurante e acabou agenciando-o comigo. Depois de fazer dois testes sem sucesso, veio o teste do filme americano, em que enfrentou quatro eliminatórias. Para prepará-lo, eu paguei um curso intensivo com um professor que dava aula de interpretação em inglês. Valeu a pena, porque ele conseguiu o trabalho".

Uma boa agência sabe negociar, tenta conseguir melhores cachês, melhores condições para o seu elenco. Por falta de informação, muitas mães acabam se deixando enganar por promessas nem sempre cumpridas fielmente. A ex-agente Acrisia Monteiro fala sobre a importância do trabalho que uma agência faz pelo seu elenco: "Nem todas as mães das crianças contratadas para a novela *Chiquititas* pagaram a comissão das agências, pois foram induzidas pelos produtores argentinos a fazer isso. Das oito crianças do meu elenco, apenas quatro mães me pagaram nos primeiros meses. E o contrato era leonino. As crianças fizeram shows, entre outras coisas, e não receberam direitos autorais. As agências estavam dispostas a proteger as crianças, mas isso não aconteceu. Eu e as outras agentes das 'Chiquititas' nos reunimos no SBT e um argentino me agrediu verbalmente. Teve coisas ruins; criaram notas fiscais falsas etc. Foi desgastante. As crianças foram contratadas por cachê definido. Depois, tiveram que ir a programas de TV, divulgar a novela, atender a imprensa, sem ganhar por isso. Comparando com o grupo musical Dominó, que fez sucesso na mesma época, a fama foi a mesma que *Chiquititas* conquistou, mas o cachê delas era menor. O grupo musical conquistou um patrimônio (apartamento, carro etc.) com o que ganhou no trabalho. Os integrantes de *Chiquititas* não conseguiram construir um patrimônio com seus cachês, ganharam pouco em relação à fama, à exposição que tiveram. Ganhavam uns R$ 3.000,00, enquanto o grupo musical ganhava uns R$ 20.000,00". Márcia Pecci era agente de Felipe Reis e de Cauê Braga, que também integraram o elenco de *Chiquititas*. Ela diz: "Tive sorte, porque as mães dos dois foram honestíssimas".

Estrutura

As melhores agências do mercado deveriam ser luxuosas, lindas, bem decoradas e contar com equipamentos sofisticados, o que teoricamente indicaria que elas são bem-sucedidas, conquistam clientes importantes e conseguem ótimos trabalhos para seu elenco. Afinal, seu faturamento deve ser proveniente da comissão sobre trabalhos que conseguem para os seus modelos e atores agenciados. Mas nem sempre é assim.

Muito luxo pode indicar falta de honestidade. Uma empresa que se aproveita da ingenuidade dos que sonham com a fama de seus filhos consegue acumular dinheiro muito mais rápido do que algumas que fazem um trabalho sério. Ao ganhar dinheiro com outros meios, tais como a taxa de agenciamento e lucratividade com os books que vendem, além de cursos, workshops, vídeos e outras opções, elas enriquecem mais rápido que as outras. Não que seja errado a agência ter outros meios de lucrar. O problema é quando ela nunca lucra com sua atividade principal, que é captar clientes para seus agenciados.

Pouco luxo pode indicar desleixo, pobreza ou um começo cheio de honestidade. Uma agente conta sobre o início de suas atividades: "Eu morava num apartamento e transformei o quarto da minha filha num estúdio fotográfico. De manhã, eu fazia as fotos das crianças. À noite, eu desmanchava tudo e colocava o colchão no chão para ela dormir". Depois, essa agente conquistou o mercado, alugou um espaço em um prédio comercial e ganhou credibilidade no mercado artístico.

Benefícios

Sou idealista e torço para que as agências infantojuvenis cada vez mais atuem como as de adultos na questão de estrutura oferecida, especialmente no que se refere a convênios e permutas: cabeleireiro, médicos, psicólogos, dentistas etc. Modelos adultos ligados a grandes agências ganham bons descontos em serviços ou nem pagam por alguns deles. Os benefícios para que se tornem modelos ou atores melhores são inúmeros.

A maior parte dos agentes infantis considera desnecessário montar essa estrutura, visto que a criança já tem seu médico e outros profissionais necessários para a carreira artística. O máximo que chegam a fazer é indicar o cabeleireiro e cursos de teatro, e às vezes há um pequeno desconto para esses serviços. Mas há quem tenha um pensamento mais avançado, modernizado, e dite tendências nesse sentido.

Teste para entrar na agência

Inscrever-se, matricular-se, cadastrar-se na agência, não importa o termo. O que todos querem saber é como fazer para tornar seus filhos modelos infantis. Procurar por uma boa agência é um passo importante, mas como fazer isso? Para a criança fazer parte de uma agência, ela precisa ser testada, como numa entrevista para conseguir emprego.

Como a quantidade de mães que pretendem agenciar seus filhos é cada vez maior, a seleção vai ficando mais rígida. Se antes era possível ir direto à agência, a seleção começou a ser feita primeiro a distância (por e-mail, correio etc.), para evitar entrevistas com quem não tem o perfil adequado. As agências solicitam que mandem fotos para pré-avaliação. Para vencer nessa etapa, vale a pena caprichar e prestar atenção nos detalhes. É necessário mandar fotos recentes. Se a foto agradar, o responsável pela criança é convidado a ir para uma entrevista ao vivo. Nesse momento, a criança é avaliada. A agente gaúcha Vera Souza diz: "Recebemos a foto de uma menina linda de 3 anos, que foi aprovada. A mãe marcou hora pra trazê-la. Chegou uma menina de 6 anos sem os dentinhos. Parecia outra criança".

Na visita à agência, bebê fica no colo mesmo. Tem que sorrir, estar disposto etc.

Crianças maiores passam por entrevista e, se possível, sem o responsável por perto. Sabemos que crianças costumam se comportar de maneira diferente quando estão perto dos pais e isso pode atrapalhar o processo de seleção. Tem criança que fica mais tímida ou fica mais levada e malcriada. Como no dia do trabalho, em geral, a criança fica sozinha, é assim que ela precisa ser avaliada. Se a criança é atriz, quem fala o texto para a câmera é ela e não seus pais. Assim, no dia da entrevista é ela quem deve responder às perguntas do agente. Obviamente, a agência precisa ter alta credibilidade no mercado para que você permita que uma criança entre numa sala com uma pessoa que você nem conhece.

Uma agente carioca revela seus critérios para uma criança ser aprovada pela sua agência: "Se é bonita e tímida, entra. Se não tem o perfil mais solicitado, mas tem talento, entra. Uma combinação de tudo fora do padrão solicitado pode reprovar uma criança. Se não tiver beleza – fizer um tipo mais popular – e ainda for tímida, não entra porque não vale o investimento dos pais. Se eu vejo que a criança está sofrendo, sendo obrigada a estar ali, também não aprovo".

> Dica preciosa: busque a melhor agência para inscrever seu filho, e não necessariamente será a que está mais perto da sua casa.

Material fotográfico

O material fotográfico é fundamental para modelos e atores, em qualquer idade. É praticamente impossível trabalhar sem fotos, principalmente no início da carreira. Apenas os famosos podem dispensar o material em algumas situações, visto que os clientes já sabem de quem se trata. Mas o dilema é quando e com quem fazer o material. O book deve ser feito antes ou depois da visita à agência? E deve ser feito com um fotógrafo da agência escolhida ou com um profissional independente?

Quando preparar o material

A decisão de fazer as fotos antes de ir a uma agência, sem receber orientação de um profissional da área, pode se traduzir num grande prejuízo. Isso porque a maior parte das agências infantojuvenis tem preferência por determinado fotógrafo ou mantêm um padrão de fotografia muito característico da empresa, incluindo uma cor de fundo específica para a foto. Umas usam fundo vermelho; outras, fundo branco, e assim por diante. Algumas chegam a ter um fotógrafo fixo na própria agência. Assim, se o profissional que você escolher não for o mesmo de que a agência gosta e não fizer um trabalho adequado, provavelmente suas fotos não serão aceitas. Em consequência, terá que fazer novas fotos. Mas isso vale mais para as agências que pedem exclusividade. Se a criança for trabalhar para mais de uma agência, vale fazer o material com um fotógrafo independente. Se esse fotógrafo for muito bom e fizer fotos de alta qualidade, dentro do padrão de trabalho infantil, é muito provável que as agências aceitem.

É importante saber para ter boas fotos

O serviço de fotografia para book virou um comércio em que são encontrados de ótimos a péssimos profissionais. É necessário pesquisar antes de fazer o material fotográfico. É preciso ver se o fotógrafo é reconhecido pelo mercado, se tem um trabalho de qualidade, se é paciente com crianças e se tem experiência nesse segmento.

Os bebês mudam de fisionomia com grande velocidade. Cabelo nasce, cresce, cai, nasce de outra cor, e a foto pode até ser mais simples por esse motivo. Quanto mais nova a criança, menos se exige uma grande produção. Já que o material precisa ser atualizado a cada mudança significativa, nessa fase procura-se fazer fotos boas, porém mais simples. Os agentes costumam trabalhar com uma foto mais "limpa", pois os contratantes querem apenas uma referência.

Conforme a criança vai crescendo, pode-se pensar em um material mais rico, sempre de bom gosto. Uma cliente minha mostrou fotos que lembravam um editorial de moda das revistas mais respeitadas. Possuía uma leveza, mantendo uma linguagem mais infantojuvenil, lindo. "Mostrar versatilidade é legal, especialmente para as crianças mais velhas", diz a agente Ieda Ribeiro.

Claro que se os pais quiserem investir numa produção mais artística, mais elaborada, terão liberdade para fazer isso, mesmo com bebês. O investimento será mais alto, mas servirá também como recordação familiar. Já tive clientes que preferiram contratar um fotógrafo mais caro por causa da beleza das fotos e porque alguns permitem que os pais também sejam fotografados durante a sessão, pelo menos em alguns cliques. Apesar de não ser necessária essa superprodução, se o objetivo é também ter uma lembrança de uma fase da vida da criança, vale a pena pagar um pouco mais. Os fotógrafos ligados a uma agência não oferecem essa possibilidade, porque o objetivo das fotos é estritamente profissional.

O fotógrafo precisa ter jeito para lidar com crianças, para que a sessão fotográfica não seja desgastante e o resultado seja bom. Há fotógrafos mais especializados em fotos infantis. Alguns, porque as fotos são mais simples e fáceis de realizar; outros, porque são muito pacientes e gostam realmente do que fazem.

As meninas se sentem como estrelas durante a sessão fotográfica. Sentem-se como *top models*, maravilhosas, lindas. Depois, mostram as fotos para a família e para as amigas. Os meninos não ficam se exibindo dessa forma, mas também gostam de ser fotografados e de sair bonitos nas fotos.

O valor

Muitas mães não têm dinheiro para investir na carreira dos filhos e mostram-se preocupadas com isso, com toda a razão. Diferente do que ocorre no mercado de modelos adultos, as agências infantojuvenis não costumam financiar o book da criança para pagamento posterior aos trabalhos. Uma agente carioca mostra-se uma exceção: "Não cobro fotos dos famosos ou de quem tem potencial e de fato não pode investir". Isso porque ela sabe que a foto é um investimento certo em quem tem grande chance de lhe dar retorno financeiro, mas são poucos os privilegiados. O ideal é juntar dinheiro para fazer um bom material ou procurar um fotógrafo bom com valores mais acessíveis.

No mercado artístico, nem tudo que é muito caro significa que é melhor. Ao contrário, existem agências desonestas que cobram um valor altíssimo por um book malfeito, brega, e a criança não terá boas chances de trabalho. Enquanto isso, muitas agências boas cobram um valor bem menor por um book melhor – mas se o valor for baixo demais, desconfie. Também não há milagres, a ponto de se fazer um book bem produzido por um valor muito baixo.

Como as crianças – especialmente os bebês – mudam de fisionomia rapidamente, precisam renovar o material fotográfico com frequência maior que os adultos. Por esse motivo, existem agências ótimas que cobram muito pouco pelo material dos bebês até um ano, visto que as fotos precisam ser renovadas constantemente. A foto é barata, é simples, mas funciona bem no mercado.

A periodicidade da renovação do book varia conforme a idade. Os bebês renovam mais vezes e a criança maior – que já muda de aparência mais lentamente – pode renovar uma vez por ano, por exemplo. A tendência é que os novos books fiquem ainda mais bonitos, devido à experiência que a criança vai ganhando. Quando se muda de agência, também pode ser que peçam novas fotos

O visual

Crianças sem dentes, com aparelho fixo, com dentes desalinhados ou prejudicados de alguma outra forma devem evitar as fotos de sorriso. Quem usa aparelho ou está sem dentes pode até fazer uma foto sorrindo, porque é possível ser contratada exatamente por essa característica, em alguns casos. Além disso, são vistos como problemas passageiros. No caso de quem tem problemas maiores, é mais viável corrigi-los para depois fazer o material. Dificilmente vai aparecer um cliente procurando modelos com dentes bem tortos. Para fazer figuração, pode até ser.

Fotógrafo de artista mirim não costuma contratar produtor de moda ou figurinista. É mais comum usar a roupa da própria criança. Sendo assim, é preciso caprichar na produção, mas sem exageros. Nada de colocar vestido de daminha de casamento na menina. Roupas com aparência de novas, bonitas, mas casuais, para o dia a dia, são as ideais. Os meninos podem usar aquela roupa que usam para ir ao cinema ou para uma festinha de aniversário descontraída. Tênis, camiseta e bermuda, tudo lindo.

As unhas das meninas devem estar como as dos meninos, bem cuidadas e sem esmalte.

O cabelo deve ser moderno, porém o mais natural possível. Criança com cabelo tingido, com luzes ou com penteados de casamento nas fotos nem é indicada para trabalhos importantes. Fora de cogitação. Toda regra pode ter exceções, mas não recomendo que conte com elas.

Enfim, criança precisa ter foto que respeite a sua faixa etária, seja no figurino ou na expressão. As plumas e os paetês ficam para a festa à fantasia. A agente Pamela Andalaft vê coisas de que não gosta: “Nesse mundo tem muito história feia, mas as piores são as fotos que recebemos para pré-seleção. Tem gente que manda fotos da criança sem roupa, com conotação sexual, fazendo cara de quem posa para revista masculina. As fotos ‘sensuais’ que chegam normalmente são de crianças a partir de 7 anos, mas quando enviam de adolescente são ainda piores”.

Tamanho da foto

As agências divergem quanto às medidas da foto: 10 x 15 cm, 13 x 18 cm ou 15 x 21 cm, cada empresa tem sua preferência. Antes de fazer as ampliações, é bom consultar sobre o tamanho que estão solicitando.

Com a popularização da internet, muitas agências passaram a trabalhar apenas com foto digital, eliminando a questão do tamanho específico da foto impressa. Nesse caso, depois das fotos prontas, basta enviá-las por e-mail ou deixar um CD-ROM com a agência.

> Dica preciosa: mantenha o visual da criança pelo maior tempo possível, para não precisar fazer novas fotos a todo momento. Um corte de cabelo diferente do que está na foto é o suficiente para gerar um problema para os produtores de elenco. Se a criança é escolhida primeiro pela foto, é preciso manter seu visual o mais próximo possível do que se mostra ali.

Testes

O processo de contratação de atores ou modelos pode variar bastante. Depende do tipo de trabalho, do tipo de cliente e outros fatores. Na publicidade, os trabalhos maiores costumam acontecer assim: um publicitário cria uma campanha na agência de publicidade para um determinado produto. Ele inventou que vai existir um comercial de televisão e uma foto na revista para divulgar esse produto, e a campanha vai ter uma criança de 3 anos. Ele vai contratar uma empresa para realizar a sua ideia, produzindo o comercial e a foto. A produtora de comerciais para TV é escolhida, e para ela trabalha um produtor de elenco. E como será escolhida essa criança? Através de um teste. O produtor vai começar a procurar os modelos ou atores

> A agente Ieda Ribeiro fala com convicção: "O produtor de elenco precisa entender o *briefing* (especificações sobre o trabalho, incluindo o personagem). Uma vez me pediram um ator para viver o Pedrinho, no *Sítio do Picapau Amarelo*. Disseram-me que queriam um índio, curumim, e que ele precisava ser doce, além de ter outras qualidades. Enquanto o produtor falava comigo, eu me lembrava de um menino branco de olhos verdes. Pedi ao produtor que me deixasse mandar essa criança pro teste. Pois esse menino foi escolhido. Tratava-se de César Cardadeiro, que foi escolhido por unanimidade aos 8 anos. Educadíssimo, tímido, inteligente, tinha todos os requisitos que o produtor solicitava. Só não tinha aparência de índio".

a serem contratados para o filme publicitário. Ele pode ligar para pessoas conhecidas, convidar uma pessoa na rua ou ligar para as suas agências de modelos preferidas – esse é o procedimento mais comum no meio profissional – e solicitar o perfil desejado para o comercial. Ele normalmente indica a idade, as características físicas, a personalidade, tipo de beleza, a experiência desejada, habilidades etc.

Em seguida, a agência de modelos seleciona as melhores opções e as apresenta para o produtor. Se o cliente aprovar, a agência liga para o responsável por cada criança que está dentro daquele perfil e diz que haverá um teste para ela. São passadas as informações do teste e do trabalho: nome do produto, local, dia, hora, cachê, tempo e local de veiculação, entre outros detalhes. Normalmente, o agente pergunta se há interesse em participar. Se o responsável aceitar, já se estabeleceu um compromisso. É preciso pensar bem para não desistir depois. Seria pouco profissional essa atitude, exceto por motivos muito sérios.

O profissionalismo e o respeito pelos pequenos estão cada vez maiores e criou-se uma condição para as crianças não faltarem às aulas para os testes: em geral, há alternativa de horário à tarde ou de manhã.

Ao chegar ao local do teste, procura-se a pessoa responsável pela avaliação. Pode ser o produtor de elenco, o estilista ou qualquer outra pessoa responsável pela escolha do elenco nesse dia.

É hora de preencher o termo de compromisso, um documento no qual o responsável vai colocar os dados da criança, incluindo características físicas, endereço, documentação dos pais, além de garantir que estará livre na data do trabalho, entre outras questões. Trabalhos pequenos nem sempre exigem o preenchimento desse termo.

Nos trabalhos com texto, é importante decorar, interpretar bem e ainda passar naturalidade. Quem não está preparado e não "segura" (decora) o texto tem a grande chance de não ser escolhido para o papel.

Uma das piores partes dos testes, porém, não é o nervosismo, a preocupação com a desenvoltura ou com a capacidade de decorar um texto em pouco tempo. É a demora, o tempo que vai embora enquanto se espera a vez de cada artista mostrar o seu talento. Cada teste pode levar horas, porque há muitas crianças, porque falta organização, porque o texto é longo, porque as explicações para cada um que entra são longas. Os

> Sobre o termo: se o modelo ou ator mirim aparece muito num comercial e tem contrato de exclusividade com esse cliente, enquanto esse comercial está sendo veiculado ele pode participar de outro que não seja de produto concorrente. A vantagem de dar exclusividade a uma agência é que o responsável não precisa se preocupar tanto com essa questão. A agência tem controle sobre os contratos e pode chamar seu artista para vários trabalhos ao mesmo tempo, mas não para o concorrente de algum produto com o qual tenha contrato assinado, o que é muito bom. Em muitos testes, os produtores de elenco perguntam se está no ar algum comercial que a criança tenha feito. Isso é normal.

testes que considerei piores foram os que misturavam crianças e adultos no mesmo horário. E piora ainda mais quando o produtor precisa montar uma família fictícia para um comercial e os atores precisam interagir entre si. Costuma ser demorado. Alguns produtores tentam montar a família na hora do teste e, se há um menino ruivo, por exemplo, é preciso esperar a atriz ruiva para fazer sua mãe. Eu mesma já participei de testes assim. Enquanto não chegavam meu marido e meus filhos fictícios, com um perfil (cor de cabelos, de olhos etc.) parecido com o meu, eu ficava "mofando".

A criançada parece não se importar muito, porque qualquer lugar serve para brincar. Já vi bonecas, carrinhos, Lego e outros brinquedos que as crianças levavam para os testes. O problema maior pode ser para os adultos. Aviõezinhos de papel começam a voar na sala de espera, crianças correm de um lado para outro, falam alto, gritam, choram, esbarram nas pessoas etc. Quem não tem o que fazer é que fica entediado.

Desagradável também é quando se passa fome porque não há um local por perto para comprar um lanche e quando não há acomodação confortável para todos. Já passei frio, fome e fiquei com dor nos pés ao esperar em pé de salto alto por testes demorados porque não havia cadeira para todos os participantes. E num teste para bebês não havia lugar para troca de fraldas, o que mostra que os profissionais desse mercado ainda têm muito a aprender.

Outra parte ruim dos testes é o clima gerado por uma competição acirrada. As crianças menores não têm uma atitude tão competitiva, nem pensam nisso. Isso acontece com crianças que estão mais conscientes de que estão disputando uma oportunidade de trabalho, de ganhar dinheiro, de fazer fama, e com seus responsáveis.

A parte boa vem depois do teste, quando a criança é aprovada. Os olhos brilham quando vem a notícia: "Você passou no teste!". Até os agentes infantis dizem que é maravilhoso ver as suas crianças aprovadas em projetos importantes, a alegria delas e de seus pais.

Tipos de testes

Comerciais de TV

O nível de dificuldade é um pouco maior do que para fotos. É preciso combinar um visual que o diretor quer + talento + desinibição + graça + inteligência + outros detalhes que só o diretor sabe naquele momento. Às vezes é preciso decorar texto.

Os modelos ou atores mais adequados para fazer o comercial ficam entre os editados. De um teste de VT com 100 crianças, pode-se editar 30 crianças para o diretor escolher suas preferidas. Ele nem vai conhecer as outras 70. Das 30, ainda poderá selecionar umas 10 para apresentar as sugestões ao cliente, que faz a escolha definitiva.

Em geral, os responsáveis pela criança não podem acompanhar o que acontece durante o teste e ficam na sala de espera enquanto os artistas entram num estúdio. Participei de um teste em que os pais puderam ficar junto com seus filhos, então isso vai depender das regras estabelecidas pelo diretor. Algumas crianças ficam mais seguras. Outras ficam mais manhosas. Uma menina chorou ao se posicionar diante da câmera para dizer algumas coisas sobre ela e correu para os braços da mãe. A diretora foi paciente, deixando-a voltar um tempo depois, mas não foi ela a escolhida.

Os diretores de testes procuram reproduzir ao máximo a situação que será encontrada no dia do trabalho. Uma produtora de elenco conta que no teste de um comercial levaram uma pessoa vestida de bicho para ver se a criança tinha medo ou não. "Se não fizermos isso, a criança vai bem no teste, mas na hora do trabalho ela pode demonstrar medo do bicho".

Caso de família: é muito normal ouvir que modelo precisa ter atitude para vencer. Pois o Ian, meu filho mais novo, foi para o teste do comercial para o automóvel Xsara Picasso aos 11 anos. Depois que o teste terminou, perguntei: "Filho, como foi o teste?". Ele me contou: "Mamãe, não sei se fui bem. O diretor me falou o que fazer e eu fiz tudo. Mas ele me mostrou o "dedo do meio" e eu também mostrei pra ele". Logo pensei que o Ian tinha perdido a sua chance. Não demorou mais de três dias para eu receber o telefonema de que meu filho seria o protagonista da campanha. Fiquei surpresa e pensei: "Será que eles consideraram que o Ian, além de ter o perfil mais adequado, era um garoto de atitude?". Eu e ele acreditamos que sim. Obviamente, não foi a atitude mais bacana do mundo o diretor ter provocado meu filho dessa maneira, mas enxergamos como uma maneira de testar se o pré-adolescente sabia reagir a situações inesperadas. E isso muitas vezes é fundamental para que o ator mirim seja aprovado.

Figurante muitas vezes não faz teste. Normalmente, a agência envia suas fotos para o cliente, que aprova a distância. Isso acontece porque seu papel é menor e sua imagem poderá aparecer desfocada, de costas ou no meio de uma multidão. Em casos específicos, os figurantes precisam ser selecionados com mais critério. Foi o caso de um comercial de telefonia do Centro-Oeste em que os figurantes deveriam ser morenos, refletindo o tipo físico dos moradores da região. Nenhum poderia ter o tipo europeu, mesmo que fosse filmado de longe.

Há casos em que se evita fazer teste por outros motivos. Os índios de determinadas tribos, por exemplo, possuem seu comportamento peculiar, mais arredio. Por isso, os produtores evitam fazer testes com eles. Um produtor de elenco fala sobre a contratação de indiozinhos para um comercial: "Foi uma agente de Santos que intermediou tudo. Ela tinha o contato de uma tribo dessa cidade e só ela podia entrar lá. O produtor não. Ela já tinha as fotos deles e me enviou. Mostrei pro diretor e ele aprovou. Não fizemos teste. Eu fui direto para o dia da filmagem".

Caso de família: eu cheguei com o Ian, meu filho, ao teste para o *Patrulha Nick*, do canal Nickelodeon, pensando que seria tranquilo. Ele concorria à vaga de apresentador com mais de trezentas crianças. Levei um susto quando deparei com aquela multidão dentro de um salão da emissora. Bom, me entreguei, relaxei e torci pelo seu sucesso. Depois de muitas horas aguardando a vez dele, pude assistir – o que é bem raro – à sua atuação através das paredes de vidro da emissora. O diretor pedia para cada candidato mostrar algo diferente ou engraçado. Meu filho já fazia aulas de guitarra e vocal, então ele cantou de forma cômica e com voz de tenor: "Meu coração, não sei por quê, bate feliz quando te vê!". Dava para ver o pessoal da produção rindo muito e querendo mais. A chance de passar era grande, mas foi escolhida outra criança. De qualquer forma, eles selecionaram os artistas que se saíram melhor no teste e exibiram os melhores momentos dentro do próprio programa. Quem tinha o canal a cabo no Brasil pôde se divertir com a participação do Ian.

Penélope Bartsch na primeira audição da websérie *WizStar*, idealizada pelo diretor de TV Miguel Rodrigues e patrocinada pela escola de idiomas Wizard. 28 alunos foram selecionados para o musical, que teve parte dos diálogos em inglês.

Foto de Ely Barbosa

Fotos

Para trabalhos de fotografia, o teste costuma ser bem mais simples. Envolve menos fatores do que os testes de vídeo. São feitas uma ou mais fotos no estúdio, pedem um sorriso e pronto. É só voltar para casa e torcer para conquistar o trabalho. Alguns clientes chegam a dispensar o teste e já aprovam o modelo pela foto do book. O sonho de todo modelo é que sempre fosse assim.

Apresentação de programa

Uma proposta de salário bom e fixo para uma criança de 9 anos. Quem não quer? Quanto maior a oportunidade, maior o número de concorrentes. Teste lotado.

Atitude e firmeza nas opiniões realmente contam muito. A atriz Luana Dandara mostra isso: "Quando eu fiz o teste para o programa global *Gente Inocente*, o diretor perguntou qual era o programa de que eu gostava mais na TV, crente que eu ia falar, como as outras meninas, que eram os programas da TV Globo. Respondi que adorava um programa de calouros de outra emissora, então ele arregalou os olhos e me perguntou de novo para ver se eu ia mudar de opinião. Respondi de novo a mesma coisa e acabei passando no teste".

Os programas também geram oportunidades para uma participação especial em vez de apresentação, e quem vai atrás da oportunidade pode se sair melhor do que quem fica esperando as coisas acontecerem. Rita, mãe de Pedro Rossa, relata: "Enviei por conta própria um material para a produção do programa *Gente Inocente*, da Rede Globo. Logo depois, ligaram para mim, mandaram um texto bem grande para o Pedro decorar e ele foi muito bem no teste. Fez uma apresentação no programa, imitando o André Marques no *Vídeo Show*. Foi apenas uma vez".

Em todo caso, uma ação de marketing, mesmo que caseira, é sempre bem-vinda para conquistar uma vaga. O ator Pedro Rossa conta como surgiu a oportunidade para ser apresentador de um programa do canal Nickelodeon: "Eram 200 crianças participando do teste e selecionaram 7. Dos 7, 2 seriam escolhidos por votação no site da emissora. Eu era um deles. Minha mãe, maluca *[risos]*, votava dia e noite". Rita convidou a família e as vizinhas para votarem no filho. Ela mesma já gastava quase todo o tempo disponível para ficar na internet votando no Pedro. Deu certo. Como nos concursos de Miss, quem tem torcida maior pode levar vantagem. Pedro ganhou a vaga de apresentador do *Nick Tônicko*, em que permaneceu dos 11 aos 15 anos. Essa estratégia lembra a história da dupla Zezé Di Camargo e Luciano, em que o pai comprava fichas de orelhão para as pessoas ligarem para as emissoras de rádio, pedindo que tocassem as músicas de seus filhos.

Desfiles

Criança de colo praticamente não precisa fazer teste para desfile. Somente para ver sua beleza e simpatia. Assim que começam a andar, normalmente entram na passarela de mãos dadas com um adulto. Depois disso, a partir de uns 4 anos, os testes incluem avaliação do jeito de andar. Aí o charme vai contar pontos altíssimos. As meninas com mais de 6 anos já copiam o jeito Gisele Bündchen de caminhar e arrancam suspiros dos espectadores. Os meninos fazem o estilo galã de novela, charmosíssimos.

Showroom

Trabalho comum entre modelos adultos, esse desfile fechado para compradores de uma marca determinada também é feito por crianças. Para mostrar uma coleção, a criança vai precisar saber desfilar e ter paciência de ficar diante do cliente, sem tanto *glamour* como na passarela, diante de *flashes*. Pode ser mais importante ter atitude que beleza extrema.

Cinema, novela, séries e minisséries

Alguns cineastas dizem que é muito gostoso trabalhar com bebês.

A diretora do longa-metragem *Encantadora de baleias* falou em seus comentários para o DVD do filme sobre as dificuldades de selecionar bebês para o cinema. Como no cinema é feito um planejamento de contratação de elenco muito antes de as gravações começarem, o bebê recém-nascido que iria aparecer nesse filme obviamente ainda não havia nascido. Após uma pesquisa com grávidas, o bebê contratado para esse caso foi o irmão da protagonista, a jovem atriz Keisha. “Foi uma sorte o fato de ele ter nascido na época das gravações das cenas", disse a diretora.

Crianças maiores enfrentam exigências maiores nesse tipo de teste. Algumas são testadas várias vezes até conseguir um papel. Agir com naturalidade e não demonstrar nervosismo ajuda a conquistar trabalhos.

Há muitas oficinas de teatro e cinema que prometem fazer a escolha de seus atores durante as aulas. É bom tomar cuidado com os aproveitadores, porque muitas vezes isso não acontece. Pode ser somente uma forma de iludir as pessoas, que ganham uma motivação maior para se inscreverem num determinado curso.

Não existe um padrão para a escolha dos atores. Tudo é feito com base nos personagens. Pode-se notar isso no caso do longa--metragem *O Menino do Pijama Listrado*, em que os dois principais atores mirins, que fazem seus papéis com perfeição, têm perfis bem diferentes. O autor John Boyne diz, no DVD, que o pequeno ator Asa Butterfield tem olhos muito penetrantes e se concentra no que faz, enquanto o diretor e roteirista Mark Herman comenta que ele tem um rosto fantástico e suas expressões são incríveis. Já o produtor David Heyman fala que Jack Scanlon tem uma força interior, é calmo, solene e meio triste.

Para o filme *Tainá – uma aventura na Amazônia*, a protagonista Eunice Baía preencheu todos os requisitos exigidos pela produção de elenco. Ela precisava ser descendente legítima de índios e estar acostumada ao ambiente da floresta. A atriz não tinha medo de cobras, de onça nem de aranha e nadava no rio. Além disso, precisava passar emoção apenas com o olhar.

Nem toda criança que faz cinema é experiente. Ao contrário, muitos iniciam a carreira artística participando de um filme.

Normalmente, quanto maior o trabalho, maior a concorrência. Em certos casos, a experiência pode valer ouro. O ator e preparador de elenco Beto Silveira conta sobre a sua experiência: "Estava abrindo meu estúdio e um produtor de *Chiquititas*, que eu conhecia, pediu-me que ajudasse na seleção aqui no Brasil, fazendo os testes com as crianças. Uma rádio citou que eu estava fazendo tal seleção e isso se tornou um caos. Tive que criar uma logística para atender todas as pessoas que apareceram.

Caso de família: meu filho participou do teste do filme *Tainá II*. A sua agência mandou-me por fax algumas páginas para que ele decorasse o texto até o dia do teste. Como foi a primeira vez nesse tipo de teste, ele ficou um pouco tenso. E piorou quando o diretor do teste disse que mudaria um pouco as regras. Uma pessoa da agência disse que o texto poderia ter cacos, frases diferentes do texto, desde que respeitassem a ideia central. Porém, o diretor pediu na hora que o texto fosse decorado na íntegra, idêntico ao que estava no papel. Essa divergência de informações atrapalha bastante o desempenho do artista. É preciso ter preparo para enfrentar isso.

Eu alugava uma sala de balé para fazer os meus trabalhos, era um espaço pequeno. Tiveram que interromper as aulas de balé por três dias. Era tanta gente que precisei chamar várias pessoas para me ajudar, incluindo genro, filha, sobrinho etc. Houve até polícia e bombeiro, para amenizar qualquer confusão que surgisse. Não houve uma pré-seleção por parte da organização. Como diretor desse teste, gravei 3 mil crianças – 100 delas foram editadas e mostradas para a equipe que estava na Argentina. Fiquei com pena de ver tanta gente que não tinha condições de passar. Todas as crianças selecionadas eram experientes. É complicado apostar em alguém inexperiente para uma superprodução como essa".

Nem sempre se faz teste para entrar em algum trabalho, especialmente quando os produtores já conhecem o artista. O ator Pedro Rossa diz: "Enquanto eu fazia comerciais para a televisão, apareceu uma oportunidade para a minissérie *Presença de Anita*, na TV Globo. Rita Rossa, mãe de Pedro, conta detalhes: "Os produtores da emissora já haviam feito teste com outras crianças e escolheram um menino, mas por algum motivo ele não fez o papel. Parece que ele não segurou [não estava preparado] o papel. Eles estavam desesperados porque já estavam gravando a minissérie em Vassouras, no Rio de Janeiro, e ainda não tinham o ator mirim. Pedro já havia feito a apresentação no programa global *Gente Inocente* e o pessoal da produção o indicou para a minissérie. Pediram material e mandei uma fita com alguns comerciais que ele havia feito, além da participação no *Gente Inocente*. Os produtores estavam em Vassouras e Pedro entrou direto, não passou por teste. Aos 9 anos, Pedro contracenou com José Mayer e Helena Ranaldi, no papel de filho, gravando durante três meses".

Vale lembrar que o produtor de elenco tem um papel fundamental na trajetória dos artistas, mas os diretores são os grandes responsáveis pela escolha do elenco. Ulysses Cruz, diretor de TV e teatro, diz: "O segredo é escolher a criança certa. Às vezes, para pegar o trabalho, a criança mascara algumas coisas que serão reveladas com o tempo. Se ela vier de uma família desestruturada, psicologicamente falando, eu não quero. O que vai na alma de uma criança não tem pai nem mãe que desvende".

A performance de um artista pode mudar o pensamento dos clientes. Por estratégia, é possível que depois de um teste o diretor ou cliente decida eliminar a personagem em questão. Já aconteceu de a criança ser tão encantadora e talentosa, que voltaram atrás e mantiveram o personagem por causa dela. Em outros casos, cenas são criadas com base no talento exibido pelo pequeno artista. De acordo com o livro *As Grandes Sacadas de Marketing do Brasil*, de Lívio Giosa, Rafael Miguel, o menino que virou celebridade ao participar do filme "Brócolis", teve uma atuação tão surpreendente e engraçada no teste desse comercial que inspirou o diretor a criar uma cena com base no que viu.

Teatro

É muito raro ver bebês e crianças pequenas trabalhando em peças teatrais. Os bebês fazem uma pequena participação no colo de alguém em um espetáculo. Crianças muito pequenas são difíceis de controlar no palco e não sabem ler para decorar um texto, então, ficam de fora. A partir dos 7 anos é que as chances começam a aumentar.

As peças que incluem crianças podem ser apresentações de cursos de interpretação ou de escolas tradicionais ou são peças profissionais. Nas primeiras, as crianças não fazem teste porque, como alunas, já sabem que terão um papel garantido. Nos espetáculos profissionais, alguns são convidados diretamente e outros fazem teste.

Para os musicais superproduzidos, as exigências são maiores. É preciso cantar, dançar e atuar. De qualquer forma, durante os ensaios há profissionais especializados para treinar as crianças. Priscila, mãe de um dos atores mirins contratados para o musical *O Rei e Eu*, espetáculo americano com montagem feita no Brasil, revela: "O teste com Matheus foi feito em dois dias, mas aconteceu em outros dias com outras crianças. Enviaram cerca de 1.000 currículos de crianças e os produtores selecionaram um pouco mais de 300. Destas, aprovaram as 30 que fizeram parte do musical. No dia da audição, avaliaram noções de dança, canto e interpretação. O perfil tinha que ser de tailandês".

O que se sabe é que a maioria passa muito nervoso, muita ansiedade. Alguns nem dormem direito na véspera do teste. Por esses testes rigorosos passam crianças que não sabem nada, enquanto outras são extremamente preparadas. O diretor Jorge Takla, na entrevista com Sabrina Parlatore no programa *Vitrine*, disse que se emociona quando vê a determinação de uma criança ou adolescente que diz "eu quero ser artista, quero ser cantor, quero ser bailarino. Eu vou estudar e fazer o que for necessário para chegar lá".

A palavra "sorte" talvez não tenha o menor sentido se não houver preparo profissional. Gislene lembra orgulhosa que a filha Isabelle Gallani fez as audições para o musical *A Noviça Rebelde*, concorrendo com mais de 3 mil crianças, e conseguiu aos 8 anos o papel de Marta, uma das filhas do Capitão Von Trapp, interpretado por Saulo Vasconcellos. "Ela não tinha experiência em teatro, tinha feito cursos de interpretação para TV. Na parte de música, já tocava flauta na escola e brincava com o piano e o violão que tínhamos em casa. As aulas de balé já faziam parte do currículo dela, além de ter feito comerciais de TV e desfiles. Para o musical, havia os cursos de interpretação para teatro, de música e dança. Ela atuou com muito profissionalismo e saiu em várias matérias. Depois disso, passou a fazer outros cursos de teatro e TV para continuar se aprimorando."

Dica preciosa: além das crianças, pode ser que seus responsáveis também estejam sendo avaliados no dia do teste. Todo produtor quer ficar longe de pais ansiosos, que falam muito, reclamam, exigem o que não é para ser exigido. Gente agradável, consciente e bem comportada tem mais chances de ver seus filhos fazendo sucesso.

O dia do trabalho

O que acontece no dia do trabalho?

Em cada tipo de trabalho, o dia será diferente. Do horário para chegar e sair aos procedimentos, tudo muda.

Desfiles

Os desfiles exigem uma preparação prévia, que envolve a prova de roupa, os ensaios e, finalmente, o dia do show. No dia D, os produtores de desfiles mais elaborados solicitam que os modelos cheguem bem mais cedo, para que sejam revistas a coreografia, marcação etc. Além disso, a equipe contratante garante que não haverá aborrecimento com modelos chegando atrasados.

Em trabalhos mais simples, com menos recursos, os modelos talvez tenham de chegar com os cabelos prontos. Nos mais profissionais, a produção oferecida é completa e a criança deve chegar apenas de banho tomado e cabelos limpos.

Cabelos e maquiagem prontos, chega a hora de montar o *look*, que inclui a roupa e os acessórios – sapatos, bijuterias, bolsa etc. Agora é só se apresentar para o público com muita ginga e arrancar aplausos.

Se o tempo de duração do trabalho for muito grande, a produção pode servir um lanchinho, e, se isso acontecer antes de o desfile iniciar, o cuidado com a roupinha precisa ser grande e não se pode esquecer de limpar os dentes para dar um show na passarela.

Prova de roupa

As medidas corporais são fundamentais para esse trabalho. A agente gaúcha Vera Souza fala sobre o seu contrato com as Lojas Renner: "Os meus modelos são selecionados através de teste por medidas específicas da grade de modelagem. Enquanto estiverem com as mesmas medidas, são contratados. Eles provam no setor de modelagem da empresa as roupas que foram confeccionadas – de 3 meses a 12 anos. As provas não duram mais que duas horas. Dependendo da época, como em mudança de coleção, eles vão mais vezes. O horário depende da disponibilidade de cada modelo. Criança em período escolar vai no turno livre. Não abro mão disso".

Fotos

O bebê chega com um responsável, que pode ser a mãe, o pai, o tio, a avó etc. Essa pessoa vai preencher uma autorização de uso de imagem ou contrato e assinar.

A produção vai cuidar de tudo que a foto envolve: figurino, penteado da criança, maquiagem para as maiores etc. Hora do clique e muita concentração.

O que vai influenciar no trabalho é se a foto é sofisticada ou simples. Se a equipe for organizada e o trabalho for simples, em poucas horas a criança poderá ser liberada para voltar para casa. O tempo de trabalho vai ser maior se for ncessária uma produção mais elaborada. É o caso de campanhas como a *Mamíferos*, da Parmalat, e a do Bombril, que usou fantasia e caracterização nas crianças.

Se a foto for realizada em estúdio, tudo fica mais simples. O responsável vai com a criança para o local e espera até tudo terminar. Se for externa, a locação – nome usado para o local do trabalho fora do estúdio – pode ser numa casa, numa praia, numa praça ou até num museu. O responsável pode ir direto ou se encontra com a equipe e todos vão num transporte específico para o local. As vans são muito usadas para produção.

Alessandra Durães, agente e produtora mineira, diz: "É muito bom trabalhar com crianças, mas é desgastante, pois elas se cansam rápido e os clientes querem a foto ou a cena perfeita. Nesses casos, eu sempre aviso que o tempo está se esgotando ou que ela não vai render mais nada. Ao produzirmos uma foto para a TV Alterosa, tínhamos que pendurar um menino de 3 anos para fazer um anjo voando. Tivemos

Victor Rezende e Guilherme Bozolan sob a direção do fotógrafo Marcos Fontes para o catálogo da Infantilândia, do grupo Pacífico Sul.

Foto de Carolina Bozolan

que embalá-lo em faixas de pano para depois colocar o vestido de anjo. Depois de tudo amarrado, ele me disse: 'Preciso fazer xixi'. Tivemos que desamarrar tudo, desenrolar a faixa e rimos daquela coisinha linda sem noção, que fez o pedido sem nenhum constrangimento. Levei uns trinta minutos colocando tudo e tirei em cinco minutos. Depois fizemos tudo de novo e ele não queria ficar. Nesse caso, fizemos de tudo para ele fazer a cena. Então ficamos por uma hora descendo-o de três em três minutos para não cansá-lo. Hoje, com ferramentas como o Photoshop, damos um basta quando a criança cansa. Tiramos um pedaço daqui e dali e montamos a foto quando não se tem o conjunto como esperado".

Comerciais

O horário marcado para a chegada dos modelos normalmente é no início da manhã; por volta de 8 horas é o mais comum.

O responsável normalmente assina o contrato em trabalhos mais importantes e assina autorização de uso de imagem em figurações.

Na produtora de comerciais em que trabalhei, que possuía estrutura e organização grandes, selecionavam-se três bebês para o dia do trabalho, o titular e os que ficariam em *stand by*, para qualquer eventualidade. Raramente vai só um bebê para o set de filmagem. É normal trabalhar com *stand by*, que é o artista substituto. Assim, se o primeiro bebê se comporta como o diretor espera, os outros voltam para casa. No caso de o primeiro chorar ou dormir fora de hora, ficar doente ou não corresponder às necessidades de gravação, é substituído pelo segundo bebê e assim por diante. Se o diretor conhecer a criança e não gostar de algo na hora da filmagem, também troca. Um conhecido produtor de elenco revela: "Um dos melhores diretores de criança sempre pede para levarmos *stand by* em filmes com crianças até uns 7 anos, especialmente se ele tem dúvidas sobre a criança, se ele não a conhece. Geralmente, ele só vê pelo vídeo a criança a ser selecionada. Mas na hora do trabalho pode perceber que ela é grande, que tem um tamanho diferente do imaginado, que não era o que ele queria etc. Dependendo da idade, a quantidade de substitutos pode variar. Entre 4 e 5 anos, a média é de dois, sendo três crianças no total; a partir de 7 anos, um *stand by*, dois no total, se o diretor não conhecer os atores mirins; mas ele já chegou a usar sete bebês como *stand by* num comercial".

A diferença de comportamento das crianças também influencia nessa troca. Uma produtora conta: "Num comercial, usamos mais de um bebê de 1 ano para fazer a mesma personagem. Isso porque, nas diferentes cenas, a criança precisava ter um comportamento diverso. Num cenário que reproduzia uma floresta, o bebê aparecia andando, como se fosse o sonho dele. Para outra cena, a criança tinha que ser hiperativa, elétrica, sem parar um minuto. Ela corria pelo cenário, não tinha medo da floresta. Na cena do quarto, deveria ficar deitada, tranquila, mas ninguém conseguia fazer com que ela ficasse mais quieta. Então, usamos outra criança, com corte de cabelo igualzinho ao da primeira. O público precisava achar que era a mesma criança. Acho que, como produtores de elenco, é nosso papel explicar para o responsável o que é um *stand by*, avisar o que pode acontecer no dia do trabalho".

Uma criança maior não costuma dar trabalho a ponto de o produtor ter que substituí-la por outra. O que é mais comum é que fiquem agitadas, brinquem, corram, gritem. As mais experientes começam a se acostumar com o comportamento mais adequado ao ambiente de trabalho. De qualquer forma, um bom diretor tem habilidade para conduzir a criançada de acordo com o que ele deseja.

O ideal é que se respeite cada vez mais a saúde e o bem-estar da criança, mas um grande sacrifício muitas vezes é imposto a ela. Conversei com atores mirins que passaram por situações desagradáveis, como ficar acordado a madrugada toda sem ter nenhum lugar para descansar durante a filmagem de um comercial. Além de ser chato, é uma falta de respeito. Chega a ser desumano. Gravações e filmagens costumam demorar, mas com uma boa organização as condições podem ficar melhores. Uma agente se recorda de um caso extremo: "Já fiquei um dia inteiro numa gravação com criança. A atriz tinha 4 anos de idade quando fez o seu primeiro comercial. Chegamos às 6 horas da manhã e saímos às 6 horas da manhã do dia seguinte". O diretor de cinema publicitário Julio Xavier, *expert* em filmes com atores mirins, mostra que se preocupa com isso: "Alguns filmes são mais demorados, mas quando tem criança costumo acabar de filmar até umas 7 horas da noite".

Muitas vezes, o sacrifício é de todos os que estão envolvidos no trabalho. O produtor de elenco de um comercial de uma empresa bem conhecida contou sobre a filmagem, que durou 18 horas: "Foram duas diárias pesadas. Mais de 100 crianças e a equipe trabalharam sob um sol forte. Fazia um calor absurdo. Fiquei na produtora enquanto os assistentes trabalhavam na cidade em que aconteceu a filmagem. Ligavam a todo momento para mim. Toda hora acontecia alguma coisa. Um pai que reclamou, um filho queria tomar água, o outro queria outra coisa. Tinha mãe querendo invadir o set de filmagem. Esse processo foi muito estressante, marcante, desgastante para todos os envolvidos. Depois que viram o filme pronto, todos esqueceram os problemas".

Honestidade é importante. Há quem leve para casa, sem autorização, objetos que pertencem ao trabalho e parte do figurino. Nem que seja para guardar de recordação, isso não é correto. Para quem age assim, a chance de construir uma carreira de sucesso é bem pequena. Um produtor de elenco conta: "No comercial de uma companhia aérea, todos os atores mirins que interpretaram comandantes, copilotos, comissários e mecânicos usaram uniforme em tamanho infantil, incluindo crachás oficiais. Alguns deles sumiram e davam acesso a algumas coisas, como a catraca da empresa. Talvez fosse coisa de criança. Não sabemos se pegaram de recordação, se esqueceram de devolver ou por outro motivo. Tivemos que perguntar para as mães se elas haviam levado o crachá".

Um bocado de responsabilidade sempre vai ajudar. Mesmo em grandes produções, pode ser que os produtores peçam ao artista que leve algo para compor o figurino. Num comercial, as mães precisavam levar sapato preto para as crianças usarem durante a filmagem. Algumas esqueceram e o produtor colocou um saco preto nos pés delas, prendendo-o com uma fita. O diretor deixou essas crianças mais desfocadas, como figurantes.

Truques de diretor

Os diretores de filmes publicitários mais procurados para filmar crianças usam a rotina delas para atingir melhores resultados em seus comerciais. Os produtores de elenco revelam: "Se a gente filma com bebê, há diretor que pede a rotina inteira do bebê. Quer saber o que e a que horas ela come, a que horas dorme, entre outras coisas. Num comercial de pomada, tivemos que passar todos os detalhes. Sabemos que durante uma filmagem o bebê sai da rotina. Se ele dorme às duas horas da tarde, provavelmente não vai dormir às duas nesse dia. O diretor Ricardo Gordo sabe aproveitar esses horários. Para passar a pomada, é melhor que a criança esteja com sono, deitada, quietinha, fechando os olhinhos. Se está na hora de a criança dormir, então é o momento de fazer a cena de passar a pomada".

A tática que se usa normalmente nas produções de comerciais é seguir o ritmo de trabalho de acordo com o que a criança está sentindo, mas o diretor precisa saber conduzir a situação. De repente, ela diz que quer fazer xixi. O diretor interrompe a filmagem para ela ir ao banheiro. Em seguida, ela diz que está com fome. O diretor interrompe a filmagem para ela fazer um lanchinho. Quando a criança percebe que está no controle, usa isso toda hora e acaba atrapalhando a filmagem porque quer parar várias vezes para fazer alguma coisa que deseja. Há diretores de filmes publicitários que tratam a criança de um jeito diferente e não a deixam fazer isso. Lógico que, se a criança tem alguma real necessidade, ele vai deixar. Um produtor de elenco fala sobre um renomado diretor: "Ele respeita muito, por exemplo, o horário de começar o filme com a criança. Gosta de começar a filmar entre 9 e 10 horas. Se a equipe de produção marcar para a criança chegar mais cedo e ele perceber que ela está cansada, ele fica 'louco', nervoso. Nunca devemos marcar uma filmagem começando às 6 da manhã. Ele considera onde a criança mora, se é longe do local do trabalho. Sempre que achou necessário, ele fez a produção pagar a estadia para a criança dormir em um hotel perto do estúdio. Num comercial de banco, o artista mirim ia filmar de manhã e não ia filmar à tarde. Pois ele ficou a tarde inteira no hotel para conseguir filmar à noite, para compensar o horário. Poucos diretores têm essa consciência".

Psicologia de diretor

Cada diretor tem um jeito particular para conseguir extrair o profissionalismo das crianças. Uns mais sérios, outros mais engraçados. Uma produtora de elenco revela: "Tem diretor que fala de igual para igual com as crianças, vira criança junto com seus artistas mirins. Fala a língua deles, chamando-os de 'seu cabeção, cabeçudo, cabeça de melão'". Talvez seja esse um dos motivos pelos quais eles se tornem reconhecidos como bons diretores de filmes publicitários com crianças.

O diretor de cinema publicitário Julio Xavier revela suas estratégias: "Fiquei conhecido como diretor de crianças, o que não significa que seja essa a minha preferência. Mas entre dirigir um adulto e uma criança, prefiro a criança, porque temos uma interpretação mais espontânea que a do melhor ator adulto. Filmar criança, se você cria as condições ideais, desperta seu sentido lúdico; é parecido com filmar com bichinhos, gatinhos, cãezinhos. Não adianta ficar nervoso, ansioso, gritar, brigar. A criança muito pequena não raciocina ainda, é mais emotiva do que racional. Se preciso de repetição de alguma cena e percebo que ela já se cansou, 'adestro', no bom sentido e de uma forma carinhosa, como se fosse uma brincadeira. Faço uma troca e dou uma recompensa, um brinquedinho que os pais me disseram, na véspera, que ela queria muito. Depois da filmagem, eles ficam amigos, ligam para mim, mandam-me fotos com dedicatórias etc."

"Crianças bem pequenas, com até 4 anos, se dispersam facilmente, então eu uso alguns recursos para evitar isso. No set de filmagem não pode ter muita gente, a equipe usa roupa escura e peço que não se movimentem atrás da câmera. Algumas vezes, passo um filme atrás da câmera para obter reações naturais da criança. Em determinadas situações, uso câmera escondida, o que poderíamos chamar de câmera documental. Então, já combino antes com o câmera e ele deixa rodando mais uma ou duas vezes, com variações. Há uma série de técnicas que uso. Além disso, a mãe não pode ficar no set." Julio também usa *stand by*. Às vezes, em *close* é uma criança e outra numa outra cena.

Mesmo com crianças maiores, situações inusitadas exigem do diretor uma atitude adequada. Julio Xavier fala sobre o que ocorreu durante a filmagem da campanha *Can you give me a kiss?*, da escola de idiomas Wizard: "O artista mirim Renato Assis, com 10 anos, não sabia que o roteiro incluía ganhar um beijo no rosto da modelo Giovanna Vargas, então, começou a chorar. No filme, o pretexto é pedir a mordida na maçã. Falei para ele que os homens passam a vida para ganhar um beijo de uma mulher e às vezes pagam caro por isso. 'E eu estou te pagando para ganhar um beijo de uma menina. Um dia você vai me agradecer por isso, cara!!' Dei um beijo no rosto dele e perguntei: 'Arrancou pedaço?'. Falei que todo mundo beija, que isso é normal. Beijei o rosto do menino, depois o rosto dela e pedi para eles me beijarem também, para ele ver que era apenas uma demonstração de afeto". Com a sensibilidade de um grande diretor, Julio realizou o filme como desejava.

Desejos de diretor

Em comerciais com fala, há diretor que não gosta de passar o texto antes do dia do trabalho porque sabe que a mãe vai falar para a criança e treinar com ela. Depois, tirar o vício é difícil. Em geral, ela tem que decorar na hora. Assim, a criança vai falando do jeito dela. Julio Xavier concorda: "Nos filmes com criança, eu não entrego o texto antes do dia da filmagem. O pai e a mãe costumam pré-dirigir o texto, então a criança que decora em casa com os pais normalmente chega na produtora recitando, perde a naturalidade. Peço às agências de publicidade, nas reuniões de pré-produção, uma certa liberdade.

Ela não precisa falar exatamente o que está escrito. O importante é respeitar o contexto".

Se o texto for muito longo, é necessário contratar um ator mirim profissional, mas há diretores que não gostam de "atorzinho" muito profissional. Novamente, conta a espontaneidade, que nem todos têm. Uma produtora de elenco conta que um dos diretores de filmes mais conhecidos adora e pede menino com jeito de moleque, que gosta de brincar de luta, de Homem-Aranha. Isso é até fácil de encontrar, segundo os produtores de elenco. Na vida real, uma criança mais espoleta é capaz de fazer tudo que se gostaria numa filmagem. O problema é que, na hora do trabalho, o diretor pede pra agir assim e a criança geralmente pergunta como ele quer que ela faça, quer que o diretor dê as coordenadas, fica preocupada com o que tem que fazer. Com isso, perde a naturalidade, não se solta. A molecagem do menino não vem. Esperar a ordem do diretor nem sempre agrada. Uma produtora diz: "Um respeitado diretor gosta que a criança 'faça o filme', ele dá o filme pra criança, quer que o menino pire, que invente. E diz: 'Detona que a gente poda'. Mas é muito difícil de conseguir". Por essas crianças serem raras, é comum vermos sempre os mesmos atores mirins na publicidade.

Atenção, produção!

A equipe de produção também precisa ter muita responsabilidade e estar preparada para enfrentar situações difíceis quando há criança no trabalho. Um dente de leite que cai, uma abelha que pica, tudo pode acontecer. Em filmagens externas, com muitas crianças, nem sempre os pais podem ir junto, devido ao transporte limitado utilizado pela produtora. Nesses casos, produtores e assistentes ganham a tarefa de cuidar dos pequenos, monitorando-os. Num trabalho com mais de cem crianças, por exemplo, é necessário ter várias pessoas da equipe cuidando dos artistas mirins. A atenção precisa ser grande para que tudo corra bem.

Cena roubada

Especialmente em trabalhos filmados ou gravados, como é o caso de cinema, novelas e comerciais, usa-se a expressão "cena roubada". Esse recurso é bem comum quando há trabalhos com bebês ou crianças maiores sem preparo para interpretar. Assim, os diretores roubam cenas, ou seja, deixam a câmera ligada o tempo todo e aproveitam apenas as cenas que deram certo. É um ótimo recurso para suprir a falta de experiência ou de consciência. Juliano Barone, ator e arte-educador, dá um exemplo: "Dois gêmeos de 4 anos tinham que jogar futebol no set. Eles não queriam e sugeri que brincássemos de bobinho. Eles gostaram da ideia e então aproveitamos para filmar algumas cenas da brincadeira".

TV

Em novelas e outros programas, pequenos artistas precisam conciliar a escola com o trabalho se tiverem um papel importante para interpretar. É preciso estudar, ter notas boas, independente do trabalho. Se as gravações começam à tarde, dá tranquilamente para estudar de manhã e vice-versa. Há criança que muda de turno na escola por causa do horário das gravações. É preciso enfrentar a mudança de professores e amigos de turma. Alguns artistas mirins que tiveram papéis importantes na TV disseram que raras vezes tiveram que faltar à aula para gravar. Para conciliar novela e escola, Luana Dandara passou a estudar e fazer os deveres de casa no intervalo das gravações. Quando não estava gravando, encontrava-se com a sua explicadora. Dependendo do horário da gravação, há criança que chega a sair da escola para gravar e volta no mesmo dia.

Há atores mirins que começam numa novela com pouco texto e o trabalho vai aumentando ao longo dos meses, o que vai exigir mais disciplina para ir bem no colégio.

No período de férias escolares, as gravações podem se intensificar. Vale ensaiar com a mãe, com o irmão ou com quem tiver paciência e apoiar muito a carreira da criança. Existem adultos que não gostam tanto de trabalhar com criança, mas em geral os artistas mirins são bastante paparicados pela equipe de trabalho. Tornam-se o xodó de todos.

Algumas crianças são mais quietinhas e outras são mais extrovertidas no trabalho. A atriz Luana fala sobre seu comportamento durante as gravações: "Se o diretor for mais aberto, eu também sou; se ele é mais quieto, eu também fico quieta".

E não é o tempo todo que papai e mamãe vão ficar por perto. O renomado diretor de TV e teatro Ulysses Cruz expõe sua forma de trabalhar: “Não gosto de deixar pais e mães perto do set. Eu evito. Claro que alguns são maravilhosos, mas trabalho é trabalho. Tem uma sala com lanche, com uma estrutura para os pais esperarem seus filhos durante as gravações”.

Gui Vieira chegando ao estúdio do SBT para gravar *Chiquititas*. Ele foi contratado para interpretar o personagem Binho.

Foto de Roseli de Jesus

Na hora de gravar, concentração e dedicação. Alguns atores mirins comentaram sobre a dificuldade que tiveram em cenas de choro. Um deles relatou que ficou com dor de cabeça de tanto chorar.

Embora haja sacrifícios para fazer uma novela, há recompensas que mantêm o desejo de continuar. É com orgulho que o ator Miguel Roncato fala sobre o processo para chegar até o seu personagem Alfredo, da novela global *Passione*: “Fui aprovado após ter realizado um teste no último dia de seleção. Foi incrível quando recebi a notícia. Só me vinha na cabeça um mosaico ilustrado: coragem, medo, angústia, felicidade, tudo muito misturado. Era a realização de um sonho. A gente sempre fica perplexo no início, mas depois começaram os encontros com o elenco e a equipe, as caracterizações, as leituras, a imersão no universo italiano brilhante e tão presente no nosso dia a dia. Tudo foi fazendo com que eu me sentisse mais em casa para que o trabalho de todo o grupo fosse concretizado. E chegou o momento em que *Passione* entrou no ar! Ficamos todos muito felizes com essa história. Uma novela linda, muito bem escrita e dirigida, repleta de sonhos e paixões, além de muitas risadas e muitas lágrimas. Fiquei superfeliz, aprendendo a cada dia dentro e fora de cena. Só me resta agradecer por essa oportunidade”. O menino, que começou a carreira aos 10 anos, estudou muito e se entregou à profissão, até que um dia estreou na TV como filho do personagem interpretado pelo consagrado ator Tony Ramos, gravando algumas cenas na Itália. Estreia melhor que essa nem sei se existiria!

Apresentação de TV

Quase todo programa apresentado por criança é gravado, provavelmente por precaução, para que ela não cometa erros constrangedores ao vivo. Enquanto o programa gravado exige o estudo de texto para ser decorado, apresentação ao vivo exige uma responsabilidade maior para evitar erros, agravada pela impossibilidade de chegar com atraso ao local de trabalho. Além disso, a inteligência e a capacidade de improviso são importantes.

Priscilla era cantora mirim até ser contratada para apresentar o *Bom Dia e Cia.* Beto Alcântara, seu pai, fala dessa transição: "Ela nem sentiu tanto. Apenas se adaptou, pois continuou a cantar e acrescentou às suas atividades a função de decorar textos e cuidar da imagem diante do vídeo, entre outras coisas". Quando entrevistei o Beto, ele contou, ainda, como era o dia a dia de Priscilla: "O motorista do SBT pega minha filha em casa e a traz todos os dias. Ela chega em casa, almoça e a levo pra escola. À tarde, eu a busco. Ela faz as lições de casa no intervalo do programa e às vezes à noite, em casa mesmo, e ainda sobra tempo pra fazer jazz, aulas de guitarra, ir a eventos, ao cinema etc. O programa gravado passou a ser ao vivo, de segunda a quarta-feira. Assim, de quinta a domingo ela fica mais livre e aproveita pra dormir até mais tarde. Quando ela tem gravações de merchandising, almoça fora e vai direto pra escola. Eu a levo pra almoçar".

Marjorie Telles no camarim, pronta para gravar como Rainha de Copas no SBT.

Foto de Rosana Telles

Cinema

Um bebê novinho não tem capacidade para interpretar e o roteiro pode ser alterado de acordo com as suas ações. Foi o caso do filme *Encantadora de Baleias,* no qual a diretora aproveitou algumas atitudes inesperadas do bebê para reformular e enriquecer o roteiro. De qualquer forma, ela disse que o menino ficou tranquilo nas horas certas. A paciência da equipe é fundamental, pois nas cenas em que o bebê dorme, é preciso esperar que ele realmente durma.

As crianças maiores chegam a se preparar como adultos. Para realizar o filme *O Menino do Pijama Listrado*, que se passa durante a Segunda Guerra Mundial, Asa Butterfield e Jack Scanlon, que interpretaram personagens de 8 anos, declararam que tiveram de aprender sobre o Holocausto nos livros. Para quem tem um papel de mais destaque, é preciso disciplina e disposição. De acordo com as informações contidas no DVD, esse longa-metragem teve três meses de filmagem. O ator mirim Asa fez 120 das 140 cenas do filme.

Admiro muito o trabalho das crianças no cinema. Exige concentração, talento e um preparo que nem sempre é necessário em outras mídias. No filme *A Educação de Pequena Árvore*, o ator mirim Joseph Ashton aparece nu em uma das cenas, mas de forma bem artística. Ficou emocionante, porque mostra a mudança de trajes do personagem de 8 anos para adaptá-lo a uma escola com tradição americana depois de viver de acordo com a cultura dos índios cheroquis. Em outra cena, ele aparece tendo seus cabelos cortados.

No caso da indiazinha Eunice Baía, protagonista do filme *Tainá – uma aventura na Amazônia*, os diretores precisaram ajudar bastante, pois aos 8 anos ela não sabia ler nem escrever. Conforme o vídeo de *making of* exposto no site do filme, a direção ensaiava com ela cena por cena. As filmagens foram realizadas em três meses, em condições nem sempre tão boas.

Além do trabalho com a imagem, o cinema também contrata atores mirins para fazer dublagem.

Teatro

Mais um ensaio, preparação para o personagem, coloca figurino, faz maquiagem, arruma o cabelo, hora de se concentrar. Na coxia vale tudo para fazer um belo trabalho, desde rezar até fazer uma respiração para acalmar. Até meditação vale. Pode parecer um lugar para loucos, mas só quem tem a arte na alma pode entender perfeitamente esse processo.

As crianças podem ter uma equipe profissional para ajudar no camarim ou ter os responsáveis por perto quando a estrutura da peça não é tão grande. Isso acontece bastante nas apresentações escolares ou de cursos de interpretação.

Nada se compara, porém, à participação em musicais superproduzidos como *O Rei e Eu*, um espetáculo americano com montagem feita no Brasil. A rigidez envolve todos os aspectos, desde a seleção dos atores mirins até o respeito à legislação. A responsabilidade é maior, porém a recompensa também é grande.

Algumas vezes é preciso viajar para fazer o trabalho. No mundo artístico infantil isso é menos frequente que no mundo adulto.

Depois do trabalho suado, os pequenos artistas aproveitam para curtir a vida de criança e brincar com os amigos.

Legislação e documentação

No meio artístico é muito comum ver uma grande preocupação com a aparência e com as técnicas profissionais, enquanto a parte burocrática fica esquecida. O fato é que alguém precisa entender e respeitar esse aspecto, seja a agência, o empresário ou o responsável pela criança. Quando se entende sobre a burocracia envolvida na carreira artística, as chances de sucesso aumentam.

Quem são os artistas mirins diante da lei?

Pelo Estatuto da Criança e do Adolescente, considera-se criança quem tem até 12 anos incompletos. A partir dessa idade, considera-se adolescente. Para o SATED SP, classifica-se artista mirim quem ainda não completou 16 anos.

O ator Pedro Rossa entrou na minissérie *Presença de Anita*, da Rede Globo, com autorização especial do Juizado de Menores. "Não precisei de carteira de artista mirim ou DRT porque tinha menos de 16 anos. Só precisei de DRT depois que fiz 16 anos, para outros trabalhos. Tive que juntar toda a documentação necessária, os contratos de trabalho, entre outras coisas."

Órgãos importantes

Juizado de Menores do Brasil.

Sindicato dos Artistas (SATED) de cada estado do Brasil.

A legislação que você deve conhecer

Como a legislação não prevê nada específico para crianças que exercem atividade artística, vale a pena conhecer a legislação que trata de temas referentes a crianças e ao trabalho artístico em si. Muitos decretos, leis e estatutos são encontrados nos sites dos sindicatos dos artistas.

- **Constituição Federal do Brasil.**
- **Consolidação das Leis do Trabalho (CLT) - Decreto-lei n. 5.452, de 1º de maio de 1943.**
- **Código Brasileiro de Autorregulamentação Publicitária (CONAR).**
- **Decreto n. 4.134, de 15/2/2002** - Promulga a Convenção n. 138 e a Recomendação n. 146 da Organização Internacional do Trabalho (OIT) sobre Idade Mínima de Admissão ao Emprego.
- **Decreto n. 82.385, de 5/10/1978** - Regulamenta a Lei n. 6.533, de 24 de maio de 1978, que dispõe sobre a profissão de artistas e técnicos em espetáculos de entretenimento.
- **Instrução Normativa n. 54, de 20/12/2004** - Dispõe sobre a atuação dos Grupos Especiais Móveis de Combate ao Trabalho Infantil e Proteção ao Adolescente Trabalhador e das Delegacias Regionais do Trabalho no mesmo tema.
- **Lei n. 6.533, de 24/5/1978** - Dispõe sobre a regulamentação das profissões de artistas e de técnico em espetáculos de diversões, e dá outras providências.
- **Lei n. 6.615, de 16/12/1978** - Lei do Radialista - os apresentadores de programa de TV se encaixam nessa lei.
- **Lei n. 8.069, de 13/7/1990** - Dispõe sobre o Estatuto da Criança e do Adolescente (ECA).
- **Lei n. 9.610, de 19/2/1998** - Lei do Direito Autoral - regula os direitos autorais, entendendo-se sob essa denominação os direitos de autor e os que lhes são conexos.
- **Lei n. 11.542, de 12/11/2007** - Institui o Dia Nacional de Combate ao Trabalho Infantil.
- **Projeto de Lei n. 83, de 2006** - O senador Valdir Raupp busca indicar limites expressos para o trabalho infantojuvenil.
- **Projeto de Lei n. 6.937, de 2010** - A partir da aprovação deste Projeto de Lei, do deputado Paulo Henrique Lustosa, do PMDB do Ceará, que define regras para o trabalho de artistas

menores de 16 anos, os artistas mirins poderão trabalhar sem ter problemas com a lei. (Fonte: Plenarinho – Câmara dos Deputados)

É proibido...

Não pode isso, não pode aquilo. O mercado infantojuvenil se depara com algumas proibições diferentes daquelas do mundo artístico dos mais crescidinhos. Como o trabalho infantil é proibido por lei, seria esperado ver autoridades proibindo criança de colocar em prática seus talentos artísticos. Mas a legislação vem se adaptando ao longo do tempo, dando ao artista mirim a oportunidade de expressar seus dons, desde que não seja prejudicial à sua vida. Por isso, há restrições de horários, de locais, de tipos de trabalhos que podem fazer, de idade, entre outras. Segundo Priscila, mãe do ator Matheus Braga, não se pode fazer dois espetáculos teatrais seguidos no mesmo dia. É preciso contratar um elenco mirim para cada horário. A versão brasileira do musical *O Rei e Eu*, produzida por Jorge Takla, contou com 30 artistas mirins, que se revezavam. Eram 15 no palco em cada apresentação.

Adriana Caracciollo, ex-assistente do departamento jurídico do SATED SP, cita o artigo 21, item 3, da Lei n. 6.533/78 e faz seus comentários:

> Art. 21- A jornada normal de trabalho dos profissionais de que trata esta Lei terá, nos setores e atividades respectivos, as seguintes durações:
>
> I - radiodifusão, fotografia e gravação: 6 (seis) horas diárias, com limitação de 30 (trinta) horas semanais *[Adriana explica que isso inclui as filmagens de comerciais]*;
>
> II - cinema, inclusive publicitário, quando em estúdio: 6 (seis) horas diárias;
>
> III - teatro: a partir da estreia do espetáculo terá a duração das sessões, com 8 (oito) sessões semanais;

IV - circo e variedades: 6 (seis) horas diárias, com limitação de 36 (trinta e seis) horas semanais;

V - dublagem: 6 (seis) horas diárias, com limitação de 40 (quarenta) horas semanais.

Parágrafo 1º - O trabalho prestado além das limitações diárias ou das sessões semanais previstas neste artigo será considerado extraordinário, aplicando-se-lhe o disposto nos artigos 59 e 61 da Consolidação das Leis do Trabalho.

[Como diz Adriana, a diária até pode ultrapassar a carga horária definida pela legislação, mas nesse caso o artista deverá receber uma remuneração extra pelo trabalho.]

Parágrafo 2º - A jornada normal será dividida em 2 (dois) turnos, nenhum dos quais poderá exceder 4 (quatro) horas, respeitando o intervalo previsto na Consolidação das Leis do Trabalho.

Parágrafo 3º - Nos espetáculos teatrais e circenses, desde que sua natureza ou tradição o exija, o intervalo poderá, em benefício do rendimento artístico, ser superior a 2 (duas) horas.

Parágrafo 4º - Será computado trabalho efetivo o tempo em que o empregado estiver à disposição do empregador, a contar de sua apresentação ao local de trabalho, inclusive o período destinado a ensaios, gravações, dublagem, fotografias, caracterização, e todo aquele que exija a presença do artista, assim como o destinado à preparação do ambiente, em termos de cenografia, iluminação e montagem de equipamento.

Parágrafo 5º - Para o artista integrante de elenco teatral, a jornada de trabalho poderá ser de 8 (oito) horas, durante o período de ensaio, respeitando o intervalo previsto na CLT.

[Conforme Adriana, os ensaios não podem passar de 8 horas por dia ou também se caracterizarão como hora extra.]

E Adriana completa: "No teatro para o público adulto, pode-se fazer até 28 espetáculos por mês, enquanto no teatro voltado para o público infantil (apresentado por atores adultos ou mirins) o limite é de até 12 apresentações mensais. Todas essas normas são aplicadas tanto para adultos quanto para as crianças. A diferença, no caso dos artistas mirins, é o conteúdo do trabalho que eles vão executar (se tem nu, conotação sexual, se vai fumar em cena etc.)".

Na tentativa de proteger a saúde mental e física dos pequenos, autoridades interferem no mercado de trabalho. A leitora de um blog escreveu: "Houve um tempo em que foi proibido o trabalho artístico infantil. Estava passando a novela *Laços de Família* e o autor Manoel Carlos foi obrigado a tirar do ar todas as crianças que faziam parte do elenco, inclusive a filha dele, Júlia Almeida, que tinha 16 anos na época. O autor disse que iria recorrer da decisão. Conclusão: em poucos dias todos estavam de volta e, de lá para cá, tudo voltou ao que era antes. Lembro que na época ele alegou que arte era cultura, portanto, era um trabalho cultural".

Isso aconteceu no ano 2000, e quem tomou essa decisão foi o juiz da 1ª Vara da Infância e da Juventude do Rio de Janeiro, Siro Darlan, que exigiu que a novela, que abordava assuntos ligados aos valores familiares e temas delicados, se adaptasse ao horário e faixa etária. Além de passar a ser exibida após as 21 horas, os atores com menos de 18 anos de idade foram afastados das gravações por um período. O juiz alegava que havia cenas de conotação sexual e de violência e que os artistas infantis enfrentavam longos períodos de gravação. Conforme o *Dicionário da TV Globo*, volume 1, a emissora recorreu da decisão e o elenco voltou a participar da novela sob determinação e critérios da Justiça.

Às vezes, não há possibilidade de retorno. Lucas Hornos ficou um período no programa *Sai de Baixo* – fazendo sucesso ao interpretar o Caquinho –, mas teve de sair porque o Juizado de Menores julgou que o conteúdo do programa era impróprio para o garoto. A imprensa publicou que o menino ficou assustado com as piadas pesadas do programa, o que chamou a atenção das autoridades que fiscalizam o trabalho infantil.

A ex-agente Acrisia Monteiro julga que a fiscalização sobre o trabalho infantil afetou esse mercado. "A figuração para crianças diminuiu, mas os trabalhos para elas continuam existindo. Um ponto positivo é que os testes se tornaram mais organizados".

O Conselho Nacional de Autorregulamentação Publicitária - CONAR - faz referência à proibição de crianças em anúncios, especialmente em relação a determinados produtos.

Em anúncios de **bebidas alcoólicas,** existe o princípio da proteção a crianças e adolescentes: não terão crianças e adolescentes como público-alvo. Diante desse princípio, os anunciantes e suas agências adotarão cuidados especiais na elaboração de suas estratégias mercadológicas e na estruturação de suas mensagens publicitárias. Assim, crianças e adolescentes não figurarão, de qualquer forma, em anúncios; qualquer pessoa que neles apareça deverá ser e parecer maior de 25 anos de idade. Resumindo, numa campanha de bebida, criança não pode aparecer, nem fazendo papel de filho do protagonista, nem como figurante.

Em produtos de fumo, o anúncio não fará nenhum apelo dirigido especificamente a menores de 18 anos, e qualquer pessoa que, fumando ou não, apareça em anúncio regido por este Anexo, deverá ser e parecer maior de 25 anos.

E no caso de **armas de fogo** o anúncio não deverá ser emocional. Assim, não exibirá crianças ou menores de idade.

Reafirma-se o veto à presença nos anúncios de qualquer pessoa que tenha ou aparente ter menos de 25 anos.

O que importa é que o trabalho não coloque em risco a formação e o desenvolvimento físico, psíquico, moral e social da criança e do adolescente. Do contrário, deve ser proibido.

O ator Paulo Pompéia, como diretor de capacitação profissional do SATED SP, fala: "Algumas autoridades têm a intenção de proibir, e certas vezes já proibiram, a criança de trabalhar como modelo ou ator. Alguns promotores e juízes da Vara da Infância são muito reticentes. Eles julgam que quem se apresenta como artista tem o mesmo padrão de necessidade da criança que quebra pedra no interior do Ceará. Já participei de reuniões, principalmente em cidades do interior de São Paulo, em que há promotores, juristas e juízes envolvidos nesse trabalho. Eu mesmo comecei a trabalhar como artista quando criança e não sofri nenhum dano psicológico". Paulo começou a trabalhar aos 8 anos em São Paulo, passando pelo circo, circo-teatro, teatro e novela. Com mais de 60 anos, declarou: "Ninguém me perverteu, não há nada de errado na minha vida".

Afinal, criança pode ou não pode trabalhar? Alguns países liberam e outros proíbem crianças de trabalhar na área artística. Essa questão é dinâmica e a cada dia a legislação em algum lugar do mundo pode ser modificada. Segundo Paulo Pompéia, o Brasil permite, desde que o responsável obtenha uma autorização.

E se a questão de deixar uma criança trabalhar ou não já dá o que falar, o que diríamos de uma criança trabalhar muitas horas seguidas? A falta de organização, de planejamento, atrapalha muito nesse mercado e o horário é uma das questões mais discutidas. O ator e diretor teatral Juliano Barone lembra-se de um trabalho em que as crianças deveriam chegar pela manhã, mas estava definido que a cena iria ser filmada à tarde. "Era um curta-metragem independente no interior de São Paulo. Trocamos o horário e mandei comprar sorvete para todos os artistas mirins. Eles descansaram para voltar a filmar depois."

É obrigado...

Autorização para trabalhar: em casos mais simples, o responsável pelo artista mirim é quem dá autorização para o pequeno trabalhar; existe outra autorização de trabalho que é emitida pelo sindicato dos artistas; e, em determinados casos, a autorização precisa ser judicial/alvará autorizativo. A equipe de fiscalização pode verificar se a documentação para a criança trabalhar está correta. Mário Marcelo, secretário-geral do SATED RJ, e Betti Pinho, da diretoria auxiliar internacional do SATED RJ, completam: "É função das empresas enviar aos sindicatos os contratos e alvarás para que sejam visados. Devem também os sindicatos colaborar na fiscalização do cumprimento das normas legais". Val Gomes, assistente administrativa do Departamento de Capacitação Profissional do SATED SP, explica sobre a autorização de trabalho para crianças expedida pelo sindicato: "Se a criança é inexperiente, pede-se essa autorização assim que ela for contratada para o primeiro trabalho. A criança deve ter autorização para trabalhar e é preciso comunicar que tipo de trabalho ela vai fazer. A autorização não está ligada à quantidade de *jobs* realizados, mas a um período em que se pode exercer a função artística, a partir da primeira contratação. O artista pode pegar até quatro autorizações, válidas por seis meses cada. Se o artista não interromper a carreira, vai totalizar dois anos. Não se tira o registro no sindicato no início da carreira porque uma criança pode desistir disso em seis meses, por exemplo. Se ela parar de trabalhar por um tempo, se afastar, e depois voltar às atividades, deverá voltar a procurar o sindicato e pedir outra autorização.

Grandes produtoras de comerciais já costumam pedir essa autorização, que deve ser paga semestralmente pelo responsável pela criança. Se o artista mirim é contratado para um comercial através de uma agência, esta pode solicitar a autorização de trabalho no SATED, pagar a taxa e depois descontar do cachê da criança.

Quando entrevistei Jeam Pierre Kuhl, no cargo de diretor do SATED SC, ele disse: "Em trabalhos específicos, o SATED dá autorizações especiais. Isso é feito para a criança gravar um curta-metragem, para participações dramatúrgicas como as produções em TV (participação em novelas ou seriados) ou peças de teatro. Uma autorização especial também é emitida para a produção. Esse documento é igual em todo SATED. Em trabalhos de emissoras nacionais, por exemplo, quando realizam produções em outros estados, o primeiro passo é pedir essa autorização. É uma 'liberação' que o SATED dá para a emissora em que constam nome e dados do ator mirim. No caso de a TV Globo gravar parte da novela das nove em Santa Catarina, a emissora decidiu que a figuração seria contratada aqui e alguns papéis mais importantes também seriam interpretados por atores catarinenses. A equipe responsável pela produção sempre procura o SATED para legalizar todas as participações, até porque o SATED fiscaliza regularmente esse tipo de produção".

> A autorização para a criança trabalhar pode ser coletiva. Quando algumas produtoras ou agências vão buscar uma autorização judicial para que as crianças possam trabalhar em um determinado evento que envolva várias crianças, elas pedem somente uma autorização coletiva, pois o custo é menor. Pode ser para todos os integrantes de um espetáculo, por exemplo. Entretanto, o responsável por cada criança precisa assinar o pedido e autorizar a participação dela no evento, pois do contrário a autorização judicial coletiva não valerá nada.

As autorizações expedidas pelo Juizado de Menores envolvem, geralmente, trabalhos maiores, mais complexos. Para autorizar uma criança a trabalhar, serão avaliados vários aspectos, para que nada afete negativamente a sua vida. Um deles é que o artista mirim precisa ter horário livre para estudar.

Sobre o programa *Carrossel Animado*, no SBT, Cyla conta: "Fizeram um contrato de um ano para a minha filha – Rebeka Angel – apresentar o programa. Mandavam o alvará para o Juizado de Menores autorizar e levavam junto o boletim da escola. Isso aconteceu umas três vezes durante o período em que ela ficou na emissora". Beto, pai de Priscilla Alcântara, também comenta sobre essa exigência enquanto sua filha ocupa o posto de apresentadora do programa *Bom Dia e Cia.*, no SBT: "Todo trimestre enviamos ao SBT um boletim escolar com as notas para ser apresentado ao Juizado de Menores. Ela precisa ter boas notas, mas não sob pressão. Graças a Deus, ela sempre teve notas boas e se destacou como uma das melhores alunas do colégio".

Outro aspecto é a saúde psicológica dos pequenos. Val Gomes diz: "O Ministério Público e o Juizado de Menores interferiram no caso da pequena Klara Castanho, que interpretou uma vilã na novela *Viver a Vida*, da TV Globo, e o texto passou a ficar mais leve, mais ameno".

Antonio Carlos Malheiros, Coordenador da Infância e da Juventude do Tribunal de Justiça de São Paulo, opina: "O trabalho infantil pode ser admitido em caráter excepcional, desde que com a permissão dos responsáveis pela criança e autorização judicial. Nesse trabalho, a criança não pode, em hipótese alguma, ser submetida a perigos físicos, morais e psicológicos. E tal exceção caminha em direção à eventual vida artística da criança. O pequeno artista pode, por exemplo, trabalhar em uma novela, desde que não corra nenhum risco. Para que isso se dê de uma forma completa, entendo que os juízes deveriam determinar que a emissora, por sua conta, arque com um acompanhamento psicológico, por profissional especializado, para a criança, pois, se o artista adulto às vezes se confunde com a personagem, trazendo para a sua vida características dela, imagine só a criança". Mário Marcelo, secretário-geral do SATED RJ, e Betti Pinho, da diretoria auxiliar internacional do SATED RJ, comentam: "O sindicato moderno deve se preocupar não somente com os aspectos legais, mas oferecer capacitação e apoio psicológico para aqueles que ingressam tão cedo na vida artística".

Sobre o caso da pequena Klara Castanho, Malheiros defende: "Eu não vejo nenhum problema. Eu também teria liberado sua participação na novela. Soube que o Ministério Público do Rio de Janeiro, antes de a novela ir ao ar, representou ao juiz da infância e da juventude de lá, para evitar que a menina trabalhasse. Mas tudo acabou se resolvendo, no sentido contrário. Ratifico: a criança deve sempre ser protegida, não importa o que faça ou onde esteja. Na condição de juiz titular da Vara da Infância e da Juventude de Osasco, Samuel Karasin proibiu que Maísa Silva continuasse a trabalhar em um determinado programa de auditório. Mas acabou permitindo que ela atuasse em outro. Um tipicamente infantil, de desenhos animados".

E não só as crianças artistas precisam de autorização. Antonio Carlos Malheiros explica: "O adolescente de 14 anos, com a permissão de seus pais ou responsáveis, poderá ser 'aprendiz', sem autorização judicial. O mesmo se dará aos 16 anos, quando poderá começar a trabalhar. Nos contratos relativos ao aprendizado ou de trabalho, propriamente dito, cláusulas especiais deverão constar, para a proteção desse jovem. No entanto, para a atividade artística (cinema, teatro, ações publicitárias), é de todo recomendável a fiscalização judicial, para que não participem os adolescentes não emancipados de espetáculos que lhes prejudiquem a imagem, não sejam submetidos a vexames, não sejam induzidos a práticas criminosas, discriminatórias ou preconceituosas. No mais, atividades artísticas devem ser incentivadas aos nossos jovens, até mesmo para o surgimento de grandes artistas do futuro". Ele comenta o caso da adolescente Malu Rodrigues, que, aos 16 anos, foi emancipada por seus pais, passando, depois disso, a participar do musical *O Despertar da Primavera*: "Em determinado momento, ela mostrava um dos seus seios descoberto. Mas, ao que parece, acabou sendo impedida judicialmente. No entanto, entendo que uma pessoa emancipada pode tudo, mesmo sem autorização do pai, da mãe ou de qualquer outro responsável, sem a necessidade de o assunto ser levado ao Judiciário. Tal emancipado, todavia, em caso de infração, não poderá ser punido pelo Código Penal. Para essa finalidade, continua adolescente. Sofrerá, pois, medidas socioeducativas, conforme previsão do Estatuto da Criança e do Adolescente".

Val Gomes afirma: "Para trabalhos de período longo fora da cidade em que se mora, a produção deve contratar professor para acompanhar a criança, levar um profissional de saúde junto etc. No Cirque du Soleil, por exemplo, um professor que fale o idioma de cada criança que integre o elenco vai junto nas viagens. Também levam um profissional da área de saúde. Isso porque o famoso grupo mantinha no elenco artistas de 10 a 12 anos. Se o período for ainda maior, a produção é obrigada a arrumar escola, pagar assistência médica, fazer seguro de vida etc.

"Na área circense, que normalmente tem estrutura pequena, procuram escola pública. Eles se viram. Uma criança falou para um repórter na TV que trabalhava o dia todo no circo e a fiscalização foi atrás, o que poderia parecer que iam tirar a criança da família. A mãe ficou desesperada, pensando que iam levar seu filho, mas não era bem assim. A criança estudava.

"Outra opção é pegar autorização do Juizado de Menores para a criança se afastar temporariamente da escola.

"Quanto aos horários, o período de trabalho diário é de 8 horas. Além disso, é hora extra."

Por causa de uma fiscalização mais atuante, Val conta que as figurações diminuíram. "Eles guardam gravações para reutilizá-las."

Guardar parte do cachê: esse é um ideal buscado por agentes e autoridades a fim de proteger o artista mirim. Na ficha de cadastramento de uma agência do Rio de Janeiro, há um item que exige que todos os menores tenham conta poupança em seu nome e que, ao receberem o cachê de cada trabalho realizado, "40% do valor total deve ser depositado nessa conta, segundo o artigo 25, inciso IX da Portaria 07/2003, expedida pelo Juiz Siro Darlan, da 1ª Vara da Infância e da Juventude", diz o texto.

Essa atitude começa a ser respeitada, dependendo da cidade e do tipo de trabalho. No Rio de Janeiro, área de atuação do juiz Siro Darlan, a ideia se alastrou. Em outras cidades, respeita a ideia quem busca um profissionalismo maior e respeito pela criança. A agente Regina Weyler, de São Paulo, conta que, em sua agência, antes de a criança começar a carreira isso já é conversado com os pais e o cachê é depositado em nome da criança, em conta bancária. Pelo menos, os primeiros passos já foram dados. O advogado Ubirajara Mangini comenta: "Toda criança tem o direito de ser feliz, e, por isso, além de cumprir com suas obrigações, como estudar, alimentar-se, escovar os dentes, tem o direito também de brincar e de se divertir. Por isso, parte do tempo da criança tem que ser destinada à brincadeira, ao divertimento, pois somente dessa maneira iremos criar futuros líderes e pessoas respeitáveis. Com relação ao cachê, a regra é a mesma, ou seja, parte do dinheiro recebido pela criança em razão do seu trabalho deve ser depositada em uma poupança, para garantir o seu futuro; e o restante na conta dos pais, para que possam, com esse valor, talvez, proporcionar uma vida melhor à criança, condições melhores de estudo ou até uma diversão melhor, com viagens e brincadeiras cujo gasto supere o orçamento familiar".

> O Projeto de Lei n. 6.937, de 2010, prevê que uma parte dos ganhos recebidos pelo artista mirim seja depositada em uma poupança, em nome da criança, cuja movimentação só será permitida aos 18 anos. (Fonte: Plenarinho - Câmara dos Deputados)

Pagar Contribuição Sindical (CS): Val Gomes, assistente administrativa do Departamento de Capacitação Profissional do SATED – SP, esclarece: "Ela é obrigatória para todo trabalhador, em qualquer categoria. As empresas recolhem a CS de seus funcionários. Diferente dos trabalhadores comuns, o artista trabalha geralmente sob contrato e vai existir um valor específico para o pagamento anual da CS. No caso da criança, essa taxa não está ligada à carteirinha de artista mirim, mas está ligada ao trabalho. O seu responsável legal pode pagar a CS mesmo que a criança não tenha carteirinha. É o caso dos pequenos que ainda trabalham somente com autorização, sem registro no SATED". É o que explica o ator Paulo Pompéia: "O pagamento da CS independe de o artista ser associado ao sindicato dos artistas ou não". Val continua: "Em geral, o responsável pelo artista mirim começa a pagar a sua contribuição após pelo menos dois anos de trabalhos consecutivos, por volta do terceiro ano, quando está tirando a carteirinha. Até então não precisa contribuir, mas tem cliente que pede. Isso porque o Ministério Público fica 'de olho' e pode pedir toda a documentação. Empresas grandes, como a TV Globo, costumam trabalhar perfeitamente dentro da legalidade. Se a emissora contrata um artista que não fez todos os procedimentos necessários para dar início ao trabalho, ela ajuda a providenciar isso, e o pagamento da Contribuição Sindical é um exemplo".

Quem recebe – a CS pode ser paga em qualquer banco, mas esse valor é direcionado à Caixa Econômica Federal, que faz a distribuição para os órgãos competentes. Vai uma parte para cada conta: sindicato (SATED), governo, federação e Confederação dos Sindicatos. O valor da contribuição para crianças é menor que para atores adultos.

Quando se paga – o pagamento da CS, que só precisa ser feito uma vez por ano, deve ser realizado a partir de 1° de março e o comprovante deve ser guardado.

Quem paga – "o pagamento da CS pode ser feito diretamente pelo responsável pela criança. Nesse caso, ele mostra o comprovante para o agente", diz o ator Paulo Pompéia. O responsável paga ou pede à agência que o faça. Algumas agências optam por fazer esse pagamento, com o intuito de ajudar seu agenciado, e descontam o valor do cachê da criança quando ela realiza um trabalho. O agente só faz isso se quiser. Val fala: "Se a agência fizer o pagamento em vez do responsável da criança, para descontar do cachê posteriormente, ela tem de mostrar ao responsável pelo artista os descontos que realizou. O SATED orienta os responsáveis a fazerem o Cadastro de Pessoas Físicas (CPF) do artista mirim para sair tudo no nome da criança ao fazer a contribuição sindical".

Valor da CS – é um percentual do piso normativo, independente de se ter realizado trabalho ou não. O valor varia de acordo com cada estado, considerando sua realidade. O piso normativo aumentou, mas o valor da contribuição em São Paulo continuou o mesmo por um período. "Para alguns artistas, o aumento faz diferença", comenta Pompéia.

Pagamento de impostos: os impostos incidem sobre qualquer trabalhador, em qualquer área de atuação. No mercado de atores e modelos, há dois tipos de contratações, o que cria situações diferentes.

1) <u>Contratação de prestação de serviços</u>, ou seja, os dias em que há a filmagem ou foto. Nesse caso, o imposto incide sobre o valor do cachê contratado. Além dos tributos normais da nota fiscal, há também o recolhimento do INSS (11%).
2) <u>Contratação de concessão de direitos conexos sobre o uso de imagem e som de voz</u>. Nesse caso, incide sobre o valor do cachê contratado somente o recolhimento do I.R. A emissão de nota fiscal, há mais de vinte anos, vem sendo feita de maneira errada, emitida pelos agentes artísticos, que na prática são

responsáveis apenas pela intermediação e não podem nem devem mais assumir esse ônus. Por isso, os prestadores de serviços do mercado publicitário reuniram-se através do Fórum da Produção Publicitária, que começou a elaborar a separação oficial dessa contratação, a fim de promover o ajuste legal para a emissão desses documentos fiscais. Para que o operacional desse novo sistema de contratação seja aplicável, é necessário que atores e modelos tornem-se pequenas empresas ou associados de uma cooperativa.

Pagar comissão para o agente: 20% é o valor mais comum. É o pagamento pelo serviço prestado pela agência (a conquista do cliente, a negociação, a cobrança do cachê etc.).

Estudar: a partir de determinada idade, é preciso estudar, ter boa frequência na escola e ainda mostrar boas notas. Val Gomes lembrou-se do programa da Xuxa: "Se não tirasse nota boa na escola, o artista era excluído do elenco. E a empresa que contrata a criança em idade escolar para morar em outra cidade pode tentar vaga em escola pública, mas nem sempre encontra com facilidade. Para evitar problemas, tem empresa que já paga escola particular".

Documentos

A documentação necessária

Quando um artista mirim vai realizar um trabalho, o agente já solicita ao seu responsável a documentação exigida para que o trabalho seja feito. Isso pode variar de acordo com o cliente, com o tipo de trabalho e o tempo de duração/veiculação. As exigências podem ser diferentes quando se trata de um desfile ou de um contrato para fazer parte de uma novela em uma emissora, por exemplo.

- CPF do artista mirim e do seu responsável
- RG do artista mirim e do seu responsável
- Cópia da certidão de nascimento
- Contrato ou autorização. A assinatura do responsável legal deve ser reconhecida em cartório

- Para os menores de 5 anos, cópia da carteira de vacinação
- Para criança em idade escolar, declaração original da instituição de ensino onde está matriculada, no ano letivo do trabalho realizado
- Atestado médico do menor, emitido a menos de 30 dias da data da autorização para o trabalho

Em trabalhos mais simples, a autorização de veiculação de imagem pode substituir o contrato de trabalho. No caso dos artistas mirins, seus responsáveis – normalmente um dos pais – assinam os documentos, mas nem sempre isso acontece. É o caso dos pais analfabetos.

O diretor de teatro Ivan Martins fala de seus procedimentos: "Mesmo em peças realizadas com alunos dos meus cursos, sempre pedi aos pais que fossem ao Juizado de Menores para obter a autorização com firma reconhecida. Pode acontecer um acidente no palco, por exemplo".

Como exemplo de documentação exigida para obtenção da carteira de artista mirim, apresento novamente dados do SATED SP, que representa uma cidade do Brasil muito importante no que se refere à carreira artística:

- Carta da agência ou do contratante;
- 3 trabalhos (jornais, revistas etc.) ou curso na área;
- RG e CPF (se possuir) ou Certidão de Nascimento – cópia comum;
- 3 fotos 3 x 4;
- RG e CPF dos pais – cópia comum;
- Comprovante de endereço (conta de água, luz ou gás);
- Contribuição sindical do ano vigente.

Na entrega da documentação, será agendada uma Palestra de Legislação para a retirada da carteirinha de sócio.

Contribuição anual para sócios: valor equivalente a 50% do piso normativo. Esse valor depende do SATED de cada região do Brasil.

Carteira de artista mirim ou registro de artista mirim

As pessoas normalmente têm dúvidas sobre o termo correto: carteira de artista mirim ou DRT mirim? Paulo Pompéia explica: "Registro de artista mirim é o certo. Na verdade, as pessoas não tiram DRT. Elas se registram como atores na Delegacia Regional do Trabalho (DRT), que teve seu nome alterado para Superintendência Regional do Trabalho e Emprego. Não existe o registro de ator mirim na DRT. E a carteirinha de artista mirim é a carteirinha de associado ao sindicato, tanto para modelos quanto para atores mirins". Como diz Val Gomes, o pequeno artista se associa e passa a ter o número de sócio, apelidado de "DRT mirim". "Trata-se de um registro no SATED e não no Ministério do Trabalho, como no caso dos adultos."

Lígia de Paula, presidente do SATED SP, completa: "A criança ainda não tem o registro profissional, famoso DRT, mas tem o direito de se associar ao sindicato, ter uma carteira do sindicato como artista mirim. Isso já dá mais segurança e legalidade a esse segmento".

No dia em que tirei o meu DRT de atriz, lá estava Priscila Braga no sindicato dos artistas de São Paulo para receber a carteira de artista mirim de seu filho Matheus Braga. Com apenas 7 anos e muitos trabalhos realizados, ele acabava de ser contratado para a montagem brasileira do musical *O Rei e Eu*. Segundo Priscila, esse foi um passo importante, porque os produtores do espetáculo solicitaram a carteirinha emitida pelo sindicato.

O ator Paulo Pompéia diz: "A criança pode, além de tirar o registro, associar-se ao sindicato para obter determinados direitos. Entre os benefícios estão os convênios, descontos, cesta básica, assistência social etc. Um bebê de 3 meses que vai fazer um comercial deveria ter a carteira de artista mirim. É como um atestado de que a criança é artista". Val Gomes reforça esse pensamento: "É interessante que o artista mirim tenha a carteirinha, porque vai eliminar a necessidade de comprovação de que ela é 'profissional', atuante no mercado".

O agente Dell Santhos diz: "Eu sou a favor da carteirinha de artista infantil. Se já tiver provas de trabalhos realizados, material impresso, foto em jornal, revista, contrato de comercial de TV etc., pode-se ir ao sindicato dos artistas requerer a carteira. Enche o ego da mãe e 'profissionaliza'. A criança pode até ganhar cachê-teste quando tem a carteirinha".

Poucos clientes pagam cachê-teste para criança. Normalmente, dizem que não há uma verba destinada a isso. Quando tem, o valor é baixo, mas o sindicato também luta por um valor maior.

Nem todo contratante vai exigir o registro. Há situações em que isso ocorre com maior frequência. Paulo comenta: "Nem sempre a criança precisa ter o registro para começar a trabalhar na TV. Quando o contratante, que pode ser o diretor de TV, se interessa por um artista, isso não tem importância. Ele pode querer para a sua novela um artista infantil que nunca trabalhou, sem experiência. Eles selecionam a criança, preparam-na para o trabalho e a partir daí é que vão se preocupar com isso. Primeiro, a criança começa a trabalhar com uma autorização específica para o seu caso, emitida pelo sindicato dos artistas. Para isso, é preciso se dirigir ao SATED do estado e solicitar autorização de trabalho para a criança. Depois ela vai tirar o registro. Há situações em que a criança trabalha uma vez só. Se o trabalho se torna frequente, é preciso tirar o registro mirim. O registro não é emitido porque a criança vai fazer o primeiro trabalho, mas por um trabalho que já foi executado".

Como obter a carteirinha de artista mirim: é recomendável ligar para o sindicato dos artistas do seu estado, que normalmente é o SATED, e verificar as informações com o departamento de capacitação profissional. A criança pode ter o registro de artista no sindicato mediante algumas regras. Segundo Val, do SATED SP, criança não faz exame de banca como os adultos. "É preciso que a criança já tenha uma regularidade de trabalhos artísticos. Quando o pequeno artista já tiver material suficiente por dois anos consecutivos, está trabalhando bem, já tem uma boa quantidade de bons trabalhos, já tem uma carreira, é o momento ideal. Precisa ter pelo menos três trabalhos. A solicitação da carteirinha pode partir diretamente do responsável pela criança ou da sua agência".

Paulo Pompéia fala sobre as maneiras de obter o registro de artista mirim: "Os testes no SATED são feitos apenas para artistas adultos. A função de artista mirim, especialmente a função de modelo, não exige tantos recursos e conhecimentos como no caso dos atores adultos, diretores, técnicos ou qualquer outra função artística. No caso das crianças, as agências ou as empresas contratantes precisam comprovar que eles estão trabalhando nessa função, que são agenciados. É preciso enviar ao sindicato o portfólio da criança para análise".

Alguns cursos também facilitam a conquista do "DRT mirim". O ator Beto Silveira criou a Oficina Infantil, um curso de dois anos e meio para crianças a partir de 6 anos que ao ser concluído emite uma carta-certificado que dá direito a obter o "DRT infantil". O SATED SP é rigoroso nesse sentido. Val explica: "O sindicato sempre acompanha o curso. Se muda a diretoria do SATED, ela vai verificar se o professor é o mesmo. Se mudou, precisa ter qualidade para continuar expedindo a carteirinha". E Paulo Pompeia esclarece: "Não existe um curso para obter registro de artista mirim até o momento (não como no caso dos adultos). O registro está mais vinculado ao trabalho em si, à prática profissional. Os cursos que existem para crianças não são regulamentados. Somente os de adultos possuem uma grade, uma carga horária exigida pelo sindicato. Avaliamos os pequenos artistas pela nossa experiência e sensibilidade".

A mãe de Isabelle Gallani optou por fazer a carteirinha da filha, que carrega no currículo participação nas novelas *Carrossel* e *Amor e Revolução*, do SBT, e brilhou como Marta no musical *A Noviça Rebelde*.

Foto: reprodução

Quais são os **requisitos necessários** para a criança ter o registro de modelo e ator mirim?

Paulo Pompéia, na condição de diretor de capacitação do SATED SP, explica: "Diferente do processo de registro para os adultos, as crianças não precisam provar diante do sindicato que são competentes e talentosas. A sua agência se compromete com a qualidade do artista mirim que está registrando. Ao solicitar o registro ao sindicato, a agência vai se responsabilizar se a criança desfila bem, se decora o texto, se sabe improvisar etc.

"A agência da criança envia a documentação referente a ela para registrá-la como artista mirim no sindicato, mas quem vai ao sindicato é o próprio interessado. A criança precisa ir acompanhada pelo responsável, que em geral é a mãe ou o pai, mas pode ser a avó, por exemplo. O SATED SP não aceita que um intermediário, como um agenciador, faça isso. O agente pode acompanhar a criança, mas ela precisa estar junto com o responsável no momento do registro. Se ela estiver doente e não puder comparecer, o ideal é esperar ficar com saúde. Em último caso, pode ir apenas o seu responsável legal.

"Os documentos necessários para a criança ter o registro de artista mirim são: comprovante de trabalho, documentos pessoais da criança e do responsável, comprovante de residência e documento em que o responsável se compromete a acompanhar a criança em seus compromissos.

"O registro de artista mirim vale para todo o Brasil. Se a criança mora em São Paulo e vai fazer uma novela no Rio de Janeiro, ela vai usar seu registro feito em São Paulo." Vale lembrar que essa carteirinha não é emitida em todos os SATEDs. Em alguns estados do Brasil não existe a associação de crianças nem a carteirinha. O sindicato de São Paulo é um dos que possuem esse procedimento e sua carteirinha vale em outras localidades.

Carteira de trabalho

De acordo com o site do Ministério do Trabalho e Emprego, a carteira profissional (Carteira de Trabalho e Previdência Social – CTPS) será emitida para todos os solicitantes com idade igual ou superior a 14 anos.

Ou seja, criança artista não pode ter carteira de trabalho. Isso porque, por lei, criança não pode trabalhar. Teoricamente, artista infantil também não poderia trabalhar, mas há uma flexibilidade nesse sentido.

Registro profissional – DRT

Lígia de Paula, presidente do SATED SP, explica: "A Delegacia Regional do Trabalho teve seu nome mudado para Superintendência Regional do Trabalho e Emprego (SRTE). O termo DRT continua sendo usado porque virou um código. Os artistas falam 'meu DRT'. O mais atual seria dizer: 'Obtive meu registro na SRTE ou tirei meu SRTE'".

Aos 14 anos, só é possível ter carteira de artista mirim. A partir dos 16 anos, o ator já não pode trabalhar sem o registro. A partir dessa idade, o artista pode obter o DRT provisório ou definitivo. Muitos contratantes pequenos acabam desrespeitando a legislação, mas as grandes emissoras de televisão, por exemplo, vão fazer essa exigência.

Mário Marcelo, secretário-geral do SATED RJ, e Betti Pinho, da diretoria auxiliar internacional do SATED RJ, esclarecem: "Embora os sindicatos sejam regionais, os registros têm validade nacional. A função é de ator e não existe na lei a função de ator mirim. Assim, a partir de 16 anos, só poderão trabalhar aqueles que tiverem o competente registro profissional, e abaixo dos 16 anos deverão ser observadas as normas do Estatuto da Criança e do Adolescente".

Mário e Betti explicam: "O acesso ao registro profissional se dá através da apresentação de contratos. É evidente que, em regra geral, pessoas tão jovens não podem ter concluído curso profissionalizante. O registro concedido é o provisório e o definitivo será obtido com apresentação dos trabalhos profissionais feitos durante o ano de registro provisório".

Paulo Pompéia comenta: "A maioria dos artistas mirins que completam 16 anos volta ao SATED para tirar o registro profissional (DRT) de ator, mas sair da idade de artista mirim não significa que ele esteja pronto para ser um ator profissional, com a formação de um ator adulto. A maior parte não tem essa formação. Tem adolescente que fez uma peça, um comercial, um desfile. Então faz 16 anos e pede o registro. Tomamos muito cuidado com isso e perguntamos sobre suas experiências profissionais, sua formação, seu curso. Papel pequeno, com pouca fala, não é o suficiente para obter o registro. É preciso ter um padrão. Se trabalhar bastante, a criança estará capacitada futuramente para ser um ator registrado como adulto. Se um artista mirim possui uma trajetória mais calcada em trabalhos importantes e constantes, ele tende a obter o registro com mais facilidade. É o caso de Maísa Silva, contratada por Silvio Santos para apresentar o programa infantil *Sábado Animado*, do SBT. Caso contrário, o artista vai ter que entrar numa escola regulamentada".

É este o pensamento do diretor de teatro Ivan Martins: "O DRT dá o direito de trabalhar, mas não dá o talento. Há cursos rápidos que facilitam a obtenção do DRT de ator, mas em um ano não se aprende nada".

Os profissionais do SATED RJ Mário Marcelo e Betti Pinho dizem: "O registro profissional não tem validade internacional. Essa mediação é feita entre os sindicatos brasileiros e aquele no qual o artista deseja trabalhar, pois quase todos são membros da Federação Internacional dos Atores (FIA). Ressaltamos também que alguns países não possuem leis que regulamentem a profissão de artista. As exigências legais em relação a trabalho no exterior devem ser observadas, principalmente no que se refere a contrato. Somente assim será expedido o visto de trabalho nas embaixadas".

> Curiosidade: dia 20 de março = Dia Mundial do Teatro para Infância e Juventude.

> Dica preciosa: ser legal é estar de acordo com a legislação. Criança legal terá mais chances de abraçar oportunidades de nível mais alto. Os responsáveis devem providenciar a documentação necessária sempre que for solicitada. Isso faz parte do profissionalismo.

Profissionalismo

Os bebês, obviamente, não precisam ter profissionalismo. As crianças maiores, que já têm consciência de suas atitudes, precisam. Mas não só eles: os responsáveis, seja a mãe, o pai, a avó, a tia ou outra pessoa que cuide da carreira deles, precisam sempre de muito profissionalismo para que tudo corra bem. É fundamental que a pessoa que vai acompanhar a criança nos testes e trabalhos também se comporte profissionalmente.

Mães e pais tendem a querer falar o tempo todo das proezas de seus filhos. Esse orgulho tão normal em quem tem filhos é preciso ser medido no momento do trabalho. É preciso evitar contar histórias desnecessárias, evitar falar muito quando o contratante muitas vezes nem quer ouvir. É desagradável para um produtor de elenco ter que ouvir uma mãe contando todas as qualidades e histórias interessantíssimas – apenas para ela própria – da criança enquanto ele tem que trabalhar duramente e se concentrar no que está fazendo. É preciso se controlar, ter bom senso, perceber se as pessoas estão realmente interessadas em suas histórias incríveis e que sua criança tem uma beleza fenomenal. Se tem, não precisa dizer. Quem a contratou já sabe disso.

Bom senso é fundamental em toda a carreira. Essa é uma atitude de grande valor. Quem vai se responsabilizar pela carreira da criança poderá ajudá-la bastante nessas questões. Há muitos produtores que deixam de trabalhar com determinadas crianças por causa do comportamento dos pais. É bom observar sempre se os profissionais à sua volta estão sendo simpáticos. Esse é um bom sinal. Do contrário, podem estar muito ocupados ou simplesmente não estão gostando de ouvir o que você tem para dizer, evitando a sua presença. Agindo corretamente, as chances de sucesso aumentam para o pequeno artista. Isso vale para qualquer outra pessoa que o acompanhe nos testes e trabalhos.

Responsabilidade

Esse quesito inclui chegar no horário correto, não dar chilique, providenciar a documentação necessária para o trabalho, entre outras coisas. O ator mirim precisa decorar o texto, estar preparado para o personagem que vai interpretar etc.

Ao mesmo tempo em que é necessário preservar a infância, se o artista mirim está envolvido com um trabalho, vai precisar de senso de responsabilidade para realizá-lo bem. E se for mais novinho, o adulto responsável é quem faz esse papel.

Os atrasos acontecem até com quem já é profissional, mas eles sempre causam transtorno. Numa gravação, até dá para esperar, mas em programas ao vivo é mais complicado. Assim como nos desfiles, que têm hora marcada para começar. Se o atraso for grande, o artista perde a oportunidade e prejudica o cliente.

Atualize seus dados

É importante manter a ficha atualizada na agência. A partir do momento em que o agente encaminha a foto do artista para o cliente, uma equipe começa a trabalhar em torno disso, incluindo o produtor de elenco. Imagine uma situação: o agente tem a foto de uma menina de 6 anos de cabelos longos e a encaminha para um teste porque o diretor de elenco aprovou a foto. Chegando na seleção, a menina está de cabelos curtos. Casos assim deixam o pessoal da agência e os produtores de elenco muito bravos.

Para evitar esses problemas, alguns agentes tomam a iniciativa de fazer as atualizações. Periodicamente, entram em contato com os agenciados para atualizar os dados de contato e aparência. O certo seria eles fazerem isso, mas nem sempre acontece. No caso das crianças, os pais devem se preocupar com isso ainda mais, porque elas mudam de aparência constantemente. Isso vale muito para os que não trabalham com frequência, que são vistos menos vezes.

Disponibilidade

Quem terá disponibilidade para levar a criança aos testes e trabalhos? Essa é uma pergunta importante. Não importa se vai ser a mamãe, o papai, a vovó ou o titio. O que vale é que a criança possa frequentar os testes e realizar os trabalhos na maior parte das vezes em que for indicada, acompanhada por um responsável. Se nunca há alguém para levá-la aos lugares necessários para seguir a carreira, é melhor nem dar o primeiro passo. Nenhum agente vai gostar de investir tempo nessa criança, pois nunca dá para contar com ela. Uma vez ou outra é normal, mas recusar os testes sempre não vai levá-la a lugar nenhum.

Às vezes, alguém precisa fazer um sacrifício em prol do sucesso da criança. Seja o pai ou a mãe, há quem pare de trabalhar para cuidar da carreira dos pequenos. No caso de crianças que trabalham bastante, é uma questão a ser pensada. Alguém precisa ficar disponível para levá-la aos castings e trabalhos, e, se a criança gosta do que faz, essa é uma solução que os pais encontram para realizá-la, dando-lhe a oportunidade de ser artista mirim.

O comportamento da família

"Socorro, mãe coruja à vista!" Assim pensam os produtores, agentes e todos os envolvidos numa contratação em que a mãe não para de falar do seu belo bebê, da sua filhinha que sabe dançar melhor que a apresentadora da TV ou do seu filho que é o melhor ator do mundo. Seja legal e coloque-se no lugar do coitado do produtor que está trabalhando desde cedo, tem uma pilha de coisas para fazer, já recebeu mais de 120 crianças num dia de teste e ainda tem que ouvir a história que as mães de várias delas têm para contar. Tenha paciência, por favor! Eles podem ter um colapso. Basta imaginar-se no lugar deles para economizar elogios ao próprio filho.

Há também o contrário. São pais ou mães negativos, que acham que nada vai dar certo. Mesmo que todos elogiem a criança, eles a colocam para trabalhar sem acreditar em seu sucesso. Em certos casos, fazem isso para a criança não falar que não lhe deram uma chance. Esses pais são mais resistentes, não querem investir em foto, entre outras coisas. Com essa forma de pensar e se comportar, a probabilidade de nada dar certo na carreira da criança é até maior.

A agente Vera Souza diz que os casos complicados, na maioria das vezes, envolvem pais sem noção de um comportamento adequado. Um exemplo é quando dizem: "Meu filho era o mais bonito e melhor. Por que não passou no teste?".

O diretor de uma peça, por exemplo, pode gostar de contar com mães no camarim para ajudar quando a produção é menor, desde que elas não lhe causem problemas.

A influência da mãe pode prejudicar a carreira da criança. Ivan Martins cita um caso: "Duas irmãs faziam aula comigo. Uma delas era visivelmente a 'estrela', a preferida da mãe, que a dirigia em casa para que sobressaísse durante sua apresentação. Orientações como dar cotovelada nos outros atores para ficar na frente e falar mais arrastado para demorar mais em cena são alguns exemplos de dicas que a garota recebeu. Chamei essa mãe e falei que ela não era a produtora, nem a diretora da peça, e que respeitasse o meu trabalho. Resolvi então conversar com a outra menina, que recebia menos atenção da mãe e ficava mais fechada na aula. Procurei conhecer seus limites, trabalhei sua autoestima, sua segurança. Ensaiei bastante com ela, orientando-a. Enfeitei duas vezes mais o seu vestido. Para surpresa da mãe, ela foi a estrela do espetáculo".

Em contrapartida, um empurrãozinho pode ajudar, com bom senso, é claro. Há agente que diz valer a pena a mãe ser "abelhuda". É o tipo de mãe que busca as oportunidades para os filhos sempre que pode. Um pouco de marketing não faz mal a ninguém. Elas não perdem tempo e acabam conseguindo que os filhos brilhem.

Só é preciso ter cuidado para que o mercado não enxergue isso como falta de bom senso e ética. É o caso de quem tem o filho agenciado e sai distribuindo foto da criança para produtores, outros agentes e qualquer pessoa que possa dar um trabalho para o seu pequeno artista.

A ansiedade é algo que atrapalha bastante. Nenhum agente gosta. Pamela Andalaft, coordenadora da agência Fifi Kids, fala sobre a mãe de uma menina da sua agência: "Depois de muita insistência, essa mãe agenciou a filha aqui. Fizemos todo o material da menina, tudo que é necessário, mas o desespero dessa pessoa era tão sem sentido que todo mês ela mandava fotos da filha (muitas vezes de biquíni e com poses péssimas) para o e-mail de novos agenciados. Nós recebíamos essas fotos pelo menos uma vez por mês. Não consigo entender direito o propósito disso, pois ela sabia que a filha estava agenciada. Acredito que seja puro desespero mesmo. Ela achava que com isso nos lembraríamos mais da sua filha".

Fofoca é outro problema constante nesse mercado. Há a mãe que vai falar de algo errado que outra criança ou responsável por ela está fazendo com o objetivo de "queimá-la". Ligar para contar que a tal criança está em outra agência é um exemplo. Isso não é bom, porque os agentes percebem a intenção e acaba ficando ruim para quem contou. Uma agente falou que é difícil saber o que é fato e o que é ficção nesses casos. É bom evitar.

Eu me lembro de muitas coisas quando falo disso. Tem a mãe estressada, a mãe ansiosa, a mãe sabe mais que o diretor, a mãe não tô nem aí, a mãe tô muito aí. Gente, eu também sou mãe! Mas não precisamos fazer o papel mãe chata de artista. Podemos fazer o papel mãe maravilhosa de artista. Que tal?

O comportamento da criança

Crianças espoletas são bem-vindas em muitos trabalhos. Elas costumam ser criativas, desinibidas, além de outras qualidades. Por outro lado, deixam a equipe de cabelos brancos. Para que se consiga um bom resultado, quem comanda o trabalho deve saber controlá-las.

A mãe de um artista mirim contou que o seu filho seria fotografado para uma revista sobre crianças. No dia da sessão, ele – que sempre foi meio elétrico – não parava. O fotógrafo não teve paciência, irritou-se e desistiu. Faltou psicologia. Ele fez poucas fotos e as do menino não foram publicadas.

Durante as filmagens de que participei, vi produtoras de figurino se estressarem com medo de a criança sujar a roupa. Primeiro, porque se aquela foi a roupa escolhida para o filme, não pode sujar antes de terminar o trabalho. Segundo, porque a roupa normalmente tem de ser devolvida intacta para a loja que empresta, ou a produção terá de pagar pelo estrago. E a chance de isso acontecer é bem maior que com os adultos. Entornar a bebida, deixar cair comida no colo, sentar-se no chão, passar a mão suja na roupa, tudo pode acontecer.

Também existe a criança mimada, que pode atrapalhar o bom andamento do trabalho. Um produtor de elenco conta: "Durante a filmagem de uma marca de iogurte, cada vez que caía um pingo na roupa da modelo mirim, que tinha 5 anos, ela chorava muito e não queria mais fazer o comercial".

Disciplina

Todos fazem a mesma pergunta: dá para conciliar estudos e trabalho? Sim, mas é necessário ter muita disciplina. As crianças aproveitam para estudar em todos os momentos vagos que surgem e sempre conseguem um tempo para isso. Nos estúdios das emissoras de TV, é possível ver atores mirins estudando nos intervalos. Tudo para aprender a matéria e passar de ano. Obviamente, a dedicação é maior e sobra menos tempo para brincar; tem que estudar o texto para a novela e estudar para a prova. Se o sacrifício é tão grande, por que elas não deixam de trabalhar? Porque trabalhar com aquilo que se gosta também pode ser muito prazeroso. E se a criança não trabalha todos os dias, fica mais tranquilo também.

Cabeça no lugar

"Leve meu filho para longe de mim. O que importa é vê-lo num comercial pela TV." Parece brincadeira, mas o prazer de ver o filho num comercial pode chegar a exageros. Uma dupla de produtores de São Paulo conta um caso que mostra isso: "Ministramos uma palestra na Bahia, num evento de casting que reúne olheiros, agentes, produtores de elenco e outros profissionais que contratam modelos e atores. Por coincidência, nesse dia entrou uma produção para a campanha de um produto alimentício para a qual precisávamos selecionar crianças entre 5 e 7 anos. Aproveitamos para falar sobre o tal trabalho durante o evento.

Um dos presentes estava com um filho e foi em casa buscar o outro, que estava dentro do perfil, para nós vermos. O menino realmente tinha o perfil para participar, mas explicamos que o cachê era de 1.000 reais, que ele teria que pagar as despesas com a viagem para São Paulo e ele só ganharia isso se passasse no teste. Esse pai disse que queria muito que o filho fosse, não teria dinheiro para ir junto com ele, mas confiava em nós e poderíamos levá-lo para São Paulo. Ainda disse que, se o menino passasse, o cachê poderia ficar pra gente. Ele não tinha dinheiro para pagar a própria passagem, mas também não fazia questão de receber dinheiro pelo trabalho. Detalhe: esse pai nos conheceu naquele dia. Obviamente recusamos a proposta, mas, se aceitássemos, esse homem mandaria o filho conosco imediatamente".

Paciência

Espera no teste, espera no trabalho. É preciso ser paciente. Um ator mirim diz que o primeiro comercial que gravou em sua vida foi muito demorado. "Acordei às 6 horas da manhã e voltei para casa tarde da noite. Era longe de casa. Cheguei lá e ainda tive que esperar montarem o cenário, pois não tinha só cena minha. Fiquei entediado de tanto esperar. Aprendi um jogo de cartas com as pessoas que estavam lá. Ficávamos no andar de cima, separados da equipe. Dormi muito nesse dia, pois eu não tinha nada para fazer. Mesmo assim, para mim era uma brincadeira."

Boa vontade

Ah, isso é muito necessário. A criança tem mesmo que desejar estar ali, fazendo aquele trabalho, para que tudo dê certo. O produtor de moda Leandro Lourenço comenta: "Se a criança não quer trabalhar, faz tudo ao contrário. O diretor fala 'não senta' e ela senta".

Nas primeiras horas de trabalho, o bom humor ainda pode contagiar o pequeno artista. Depois de algumas horas ou de algum acontecimento desagradável do seu ponto de vista, tudo pode mudar. Há os que param de sorrir quando a foto exige um sorriso largo. A editora de uma revista passou por isso quando decidiu fotografar os filhos de anunciantes para uma edição especial. Nem todas as crianças queriam fazer a foto, mas as mães queriam muito. O resultado foi uma foto com crianças que estavam com carinha de quem estava odiando fazer aquilo.

Quando meu filho Ian Libardi entrou na adolescência, começou a perder um pouco da vontade de ser modelo. Preferia ir para as festas de amigos e até mesmo estudar a ir para testes, enfrentar horas para ser analisado e depois ver que não passou. É muito normal não conquistar o trabalho quando não se tem nem vontade de ir ao teste. Nessa época, conversamos e ele decidiu sair da sua agência. Todos estavam perdendo tempo nessa situação: eu, ele e a sua agente.

Ivan Martins, preparador de atores mirins no Rio de Janeiro, consegue perceber dentro do curso quem tem mais chances de dar certo na carreira. "Uma criança que faz aula de teatro às 15 horas num sábado em vez de ir à praia e ainda fica feliz é porque deseja realmente ser artista."

Verdade

Mentiras? Ai, ai, ai. Tem hora que elas podem até funcionar, mas é preciso ter muito cuidado, porque elas podem produzir o efeito contrário. Em vez de ajudar, acabam atrapalhando a trajetória da criança. Alguns produtores de elenco revelaram que há mães que às vezes mentem para aumentar as chances de a criança ser contratada para o trabalho. Um produtor de elenco de São Paulo conta o caso de um menino de 5 anos convidado a fazer o teste para um comercial que seria filmado em Recife: "Nós só chamamos quem poderia viajar e que não tinha medo de avião. A mãe do menino dizia não ter problema. O pequeno artista era uma gracinha, mas já chegou ao teste preocupado, falando que tinha medo de avião, que nunca havia entrado em um, e que não queria viajar. Era só um teste, mas, se ele passasse, o problema seria maior. Tentei acalmá-lo e deixei-o fazer o teste porque percebi que ainda assim ele queria ir". Não é difícil imaginar que o menino acabou não passando.

O problema se agrava quando a criança é aprovada com base na mentira. A agente gaúcha Vera Souza se lembra de um trabalho para um cliente de São Paulo. "Era o lançamento de um produto utilizado em fazendas e o roteiro incluía uma menina de 9 anos cavalgando com o pai. No teste, a menina e a mãe confirmaram que ela 'andava muito bem a cavalo'. A locação foi numa fazenda em Uruguaiana, distante de Porto Alegre uns 600 km. Ligaram-me às 6 horas da manhã dizendo que a garota nem queria subir no cavalo. Tive que pegar um avião e arrumar outra menina na cidade. Utilizei a rádio local e consegui, mas foi um sufoco."

> Dica preciosa: quando você estiver procurando uma agência para uma criança, levando-a para testes e trabalhos, ou seja, relacionando-se com os profissionais do mercado, deverá mostrar profissionalismo – aspecto que se estende ao responsável pela criança. E isso pode incluir simpatia, otimismo, respeito, bom senso e muito controle.

Problemas que podem ser evitados

Informe-se de tudo a respeito desse mercado. Procure saber o que está acontecendo, como funciona esse mercado, o que se deve fazer ou não. Previna-se contra qualquer "saia justa" ou aborrecimento. Faça de tudo para que seja agradável contratar a sua criança. Ela não tem culpa de um comportamento ruim dos pais e não merece perder um trabalho por esse motivo. Por outro lado, busque também o seu bem-estar.

Um problema comum é o **desrespeito ao horário**, que também acontece com os adultos. A produção manda o artista chegar às 8 horas da manhã e começa a gravar às 20 horas. Grande parte das produtoras manda o artista chegar cedo quando já sabe que a filmagem vai começar bem mais tarde.

O sindicato não consegue interferir muito porque há pouca gente para fiscalizar o que acontece de errado. O número de agências e produtoras é muito grande e fica difícil saber onde, quando e como acontecem as coisas. Se alguém fizer uma denúncia, facilita o trabalho deles: "A produtora X está fazendo tal coisa neste momento". O Dr. Sérgio Souza, que fez parte do departamento jurídico do SATED SP, comenta: "O sindicato pode ir ao local, mas já aconteceu de sairmos para fazer uma fiscalização e o trânsito estar lento. Quando se chega ao local, o problema já acabou".

Fiquei com meu filho durante oito horas no teste de uma grande produtora de São Paulo. Ao final, as crianças, impacientes, já estavam jogando aviãozinho, que batia na cabeça das pessoas presentes, incluindo a minha. Foi o nosso recorde, o teste em que passei mais tempo com meu filho. Todos reclamavam, mas ninguém fazia nada, nem eu. Na esperança de chegar a nossa vez, esperávamos mais dez minutos, mais dez minutos, que se transformaram em horas. Isso é insano. Não há necessidade de se ficar oito horas na fila de um teste. Isso demonstra apenas uma grande falta de organização da produtora e uma falta de respeito pelos artistas. Fiquei porque eu sou pesquisadora dessa área e meu filho estava conversando com os amigos. Mesmo assim, foi muito desgastante.

Nessas situações, corre um antigo boato: "Não reclame, pois você vai se 'queimar' e seu filho nunca mais vai trabalhar". Na onda do medo de se distanciar do mundo da fama, todos preferem se calar ou continuar reclamando baixinho para os produtores não ouvirem. Uma grande produtora de comerciais de São Paulo chegou a colocar uma placa no local do teste: "Não pergunte se o teste vai demorar", entre outros avisos. As mães ficam com medo até de fazer perguntas para não "queimar seu filme". Uma respeitada agente afirma que não queima.

Para casos desse tipo, o Dr. Sérgio dá a dica: "Primeiro, denuncie, ligue para o sindicato. Pegue todos os dados possíveis: local, dia, horário, nome do anunciante, do produto, da produtora etc. Se puder, fotografe. Precisamos que os pais nos deem todas as informações. E eles ficam protegidos, pois não precisam se identificar, a não ser que queiram. O sindicato não vai comunicar quem fez a denúncia. Sem a denúncia, não temos condição de identificar onde estão ocorrendo os problemas. Nós é que precisamos queimar os agentes e as produtoras que falam isso".

O ex-advogado do SATED SP sugere: "Limitar o número de concorrentes num teste é uma solução. Queremos que as agências limite-os a um número determinado. Se ultrapassar esse número, fica para outro dia. E se for um artista fora do perfil solicitado para o teste, é preciso mandar essa pessoa voltar. Tem produtora que aproveita para fotografar todo mundo e monta um cast próprio e depois não precisa mais chamar a agência, deixando de pagar a comissão".

Esse mercado está cercado de informalidade, mas vejo uma profissionalização maior a cada dia. Nas palavras do Dr. Sérgio, o mercado é cercado de muita safadeza e desonestidade. "Todos muito estressados, a agência tem medo de perder o modelo, todos têm medo de todo mundo."

Se isso começar a funcionar realmente, impulsionará o mercado para um profissionalismo maior. Se uma determinada produtora sabe que a qualquer momento pode sofrer uma denúncia, ela vai se preocupar em trabalhar dentro de um procedimento mais correto. Dr. Sérgio cita um exemplo: "Uma mãe denuncia hoje a Y Filmes. De repente, vai bater a fiscalização. Amanhã denunciam outra produtora. Isso vai forçar o mercado a trabalhar melhor. Planeja-se chamar o Ministério Público e também o anunciante, responsabilizando-o. Quem contrata mal responde pelos seus prepostos", diz ele.

Psicologia para menores

Com amor, respeito, carinho e muito bom senso, as crianças vão longe no meio artístico. Os clientes, assessores, agentes, empresários e todos os outros envolvidos no trabalho artístico infantil devem ter cuidado dobrado para que mantenham intacto o bem-estar da meninada.

Ulysses Cruz fala de sua experiência como diretor do *Sítio do Picapau Amarelo*: "Havia um psicólogo porque tinha muita criança no elenco. O diretor pode fazer essas exigências. Eu peço esse apoio à emissora. Cada diretor tem uma ética. O grande problema é o que vai acontecer com essa criança depois. De repente, ela é amada por uma cidade e até por um país inteiro". Referindo-se aos seus trabalhos em geral, o diretor de TV conta: "Quanto à estrutura, arrumamos um *coach* para fazer um trabalho individual. Esse profissional precisa se tornar o 'melhor amigo da criança'. Contrato até três *coaches* para que fiquem o tempo todo com a criança. Cada um, na minha equipe, pode cuidar até de três artistas mirins. O *coach* deve conversar muito com a criança, fazê-la entender o que ela está vivendo. A partir de 5 anos, ele consegue fazer isso. Sempre que posso, peço pros autores não trabalharem com atores abaixo dessa idade".

Agressão: circo dos horrores!

A agressão física pode afetar bastante a saúde psicológica. Nas entrevistas que fiz com agentes, produtores e publicitários, ouvi revelações de casos sérios, especialmente quando as crianças não passam nos testes. Há pais e mães que dão beliscões, empurrões, que enfiam a cabeça do filho na privada, que batem no rosto da criança dentro do ônibus ou mesmo agridem-na com palavras, o que também

Trecho do filme realizado pela produtora Cinema Centro para a campanha institucional da Casa do Zezinho, premiada em Cannes. O ator Matheus Braga interpreta uma criança perdida e um menino de rua.

Foto: produtora Cinema Centro

machuca. E normalmente essas crianças não têm com quem desabafar. Algumas agentes orientam as mães para que não cobrem dos filhos o sucesso, mas há quem não respeite isso. Um agente conta que um menino apanhou da mãe porque estava com medo de participar de um teste com um cachorro. A criança desistiu da carreira.

Além dessas, há outras formas de agressão. A agente Pamela Andalaft conta: "Tem mãe que dá remédio para a filha não menstruar para que assim ela cresça mais. Isso começa por volta dos 9 anos, que é a idade em que a menina está se tornando adolescente. É um absurdo. Sou a favor do natural. Se tiver que acontecer, vai acontecer. Infelizmente, as pessoas são mal informadas. Existem modelos que são baixinhas e ganham muito dinheiro. Aliás, modelos comerciais têm uma carreira muito mais longa do que a modelo fashion".

É importante que um responsável sempre acompanhe as crianças em seus trabalhos.

Chantagem emocional

Esse é um problema que a criança sofre especialmente por causa da família, ávida por vê-la na mídia fazendo sucesso. Se algo dá errado, a chantagem pode vir à tona. Uma produtora de elenco conta que para um comercial de iogurte a modelo – que tinha 5 anos – deveria colocar uma roupa de neoprene. "Ela vestiu e 'amarrou a cara', dizendo que não tinha gostado da roupa. Tive que falar pro diretor, que substituiu a menina, porque se ela não estava feliz não conseguiria fazer o filme direito. A avó ficou superdecepcionada e começou com a chantagem, brigando com a menina, dizendo que ela não teria festa de aniversário. E a menina chorava porque se sentia mal. O psicólogo Marco Tommaso comenta: "A chantagem emocional pode induzir à culpa, ou melhor, ao sentimento de culpa, que, entre outras coisas, pode gerar a autossabotagem".

Traumas

Há situações em que pensamos que as crianças ficarão traumatizadas, enquanto elas estão encarando tudo com naturalidade. Pedro Rossa conta: "Fiz uma cena de acidente de carro com capotamento na minissérie *Presença de Anita*, da Rede Globo. Tive que chorar na cena, mas foi muito legal, achei divertido. O carro ficava preso, girando".

Em outras situações, o trauma pode, sim, se instalar. Os adultos precisam fazer de tudo para evitar o problema. A agente Ieda Ribeiro lembra-se de um caso: "Uma menina, com cerca de 1 ano, fez a novela *Laços de Família*. Havia cenas com um casal que brigava muito e ela ainda acompanhou um atropelamento. Depois disso, ela não queria mais entrar no set. Entrou uma menina bem parecida no lugar dela". Ieda diz que a TV Globo cuida muito. "Havia psicólogo, que foi à escola da atriz para investigar seu comportamento, entre outras coisas que foram feitas para proteger essa criança".

O psicólogo Marco Tommaso diz: "Excetuando situações-limite, é difícil dizer qual o limiar de 'trauma' para cada criança. O que abala uma poderá não abalar outra. Vai depender do seu temperamento, da experiência anterior, além, é claro, do evento estressor".

Um bom diretor deverá sempre se preocupar com o bem-estar da criança. Foi o que fez Juliano Barone, ator e diretor teatral: "O ator tinha 6 anos e seu personagem morria em cena. Ele fazia uma respiração ofegante. Eu mandava ele brincar. Ele estava se divertindo. Comecei a quebrar o clima ruim".

Xô, tristeza!

As crianças precisam ser respeitadas pelos profissionais que lidam com elas. Quem deixa uma criança triste provavelmente não tem muito jeito para lidar com essa faixa etária. O ator Pedro Rossa revela um momento da carreira que o deixou muito triste: "Fui gravar um comercial em que precisava imitar o Charles Chaplin, mas eu não conseguia. Nem sabia quem era ele. A diretora, muito mal-educada, ficou brava, começou a gritar, a espernear, me tratou mal, assim como às outras crianças". Rita, mãe de Pedro, explica como descobriu: "Ele estava diferente e perguntei o que havia acontecido. As filmagens para publicidade costumam demorar, mas o Pedro sempre estava de bom humor, nunca se queixou. Ele estava bem triste quando saiu de lá. Falou que estava cansado, mas percebi que não era só isso. Ao chegar em casa, ele me contou o que havia acontecido. Eu disse para a agente dele que nunca mais ele faria um teste naquela produtora". Rita agiu corretamente. O psicólogo Tommaso fala: "Uma das formas de detectar a presença de um evento traumático é observar a mudança da forma habitual de a criança agir".

O ideal é que as agências tomem uma atitude para evitar ou solucionar problemas assim com seus artistas, mas nem sempre isso acontece, porque elas precisam se relacionar bem com seus clientes (produtoras, estilistas, fotógrafos etc.). Então, cabe ao responsável pela criança tomar atitudes que a protejam.

Solidão

Diante de tanto glamour, de tanto brilho que a carreira pode trazer, momentos de solidão podem surgir na vida do artista mirim. O ator Pedro Rossa conta como se sentiu nas gravações para uma minissérie da TV Globo. "A única criança do elenco era eu. Ficava sozinho, mas era legal. No final, eu fiz amizade com o filho do autor Manoel Carlos, que tem a minha idade, e brincávamos bastante."

As amizades nem sempre se mostram verdadeiras. A amizade com as pessoas que estão buscando ou que já atingiram a fama tende a ser bem mais superficial que as amizades construídas na escola. Isso pode acontecer em qualquer lugar, mas é mais raro que no meio artístico. "Aqui entra a questão de a criança tornar-se figura pública", observa o psicólogo Tommaso. O lado bom é que há exceções. Muitos atores se tornam grandes amigos.

Timidez

Um curso de teatro e um curso de modelo resolveram grande parte do problema que tive com timidez na minha infância e na adolescência. A garotinha que sentia vergonha de olhar para as pessoas tornou-se uma profissional de comunicação apaixonada pelo que faz. Gosto de falar com pessoas, de me relacionar com elas, de fazer palestras, de estar no palco, de apresentar eventos e qualquer coisa que me coloque em contato com as pessoas.

De acordo com o psicólogo Marco Tommaso, é normal que sintamos medo diante de situações desconhecidas ou novas. "Sentir vergonha ou inibição em uma situação social diante de outras pessoas afeta muito mais gente do que se imagina. Cerca de 50% das pessoas têm alguma forma de timidez." Assim, algumas crianças sentem dificuldade em fazer certas coisas na frente de gente que elas nunca viram, especialmente fazer poses e interpretar. Parte delas não é tão tímida. Basta o ambiente ser favorável, adequado para uma criança, que isso pode ser solucionado.

Profissionais conscientes tentam ajudar. Juliano Barone, ator e diretor teatral, diz: "Dirigi um curta-metragem e pedi que tirassem do set de filmagem todo mundo que não era necessário ali, e os que ficaram proibi que fumassem, consumissem bebida alcoólica ou mesmo que dessem demonstrações exacerbadas de hierarquias e outras imposições que indiquem, para a criança, que o ambiente não é seguro para se trabalhar".

> De acordo com o Dr. Tommaso, é possível espantar esse "fantasma" que aflige crianças e adultos garantindo uma facilidade maior para alcançar sucesso: "15% das pessoas têm um transtorno chamado ansiedade social ou fobia social, que é mais incapacitante que a timidez e que se caracteriza pelo medo da avaliação das outras pessoas, de falar ou fazer algo tolo diante dos outros, de sofrer uma rejeição. Quem tem ansiedade social evita situações em que antecipa que não irá se sair bem. Com isso, escapa da sensação de ansiedade.
>
> Mas mesmo a timidez traz grandes prejuízos na vida profissional, nos relacionamentos, na vida em geral e na saúde. Os tímidos são mais vulneráveis ao estresse, adoecem com maior facilidade, namoram com maior dificuldade, casam-se mais tarde e têm menos filhos. Na profissão, têm menos sucesso. Pessoas reconhecidamente competentes não se avaliam como tal. A baixa autoconfiança faz com que percam oportunidades.
>
> A timidez pode vir acompanhada de depressão e outros problemas, como abuso de álcool e drogas, utilizados para 'relaxar' ou 'criar coragem'. Os diversos tipos e variações da timidez hoje são bastante estudados. Os tratamentos atuais são específicos e comprovadamente eficientes. Ninguém nasceu para ser tímido!"

Medo

Medo de errar a coreografia, de não decorar o texto, de tropeçar no desfile, de não passar no teste e levar bronca dos pais, de ter que usar aparelho nos dentes, de não agradar a agência, de crescer e perder a beleza ou o talento, de não crescer muito, de desagradar o diretor... Muitos medos podem rondar a cabecinha dos artistas mirins, mas isso pode ser contornado quando o equilíbrio emocional e o apoio da família se fazem presentes.

Sara Prado se lembrou de um medo passageiro: "Quando eu tinha 6 anos, fiz um comercial para a Granero. Eu gravei com um leão ao meu lado e fiquei com muito medo! Ele estava acordadíssimo, mas era adestrado. Mesmo assim, eu ficava ao lado dele com um olho na câmera e outro no bichano. Ele sempre entrava quando estava tudo pronto. Acho que para não estressar o animal foram três dias de gravação, bem cansativo".

O psicólogo Marco Tommaso aponta que há diferença entre o medo saudável e a ansiedade excessiva. "O medo é positivo quando otimiza o desempenho. Um exemplo é o medo de uma prova que me faz estudar adequadamente para ela. Preocupante é o medo que começa a sair do controle e que prejudica a pessoa de alguma forma."

A agente Ieda Ribeiro conta: "Levei um garoto para gravar e ele não tinha decorado o texto totalmente. Então o diretor disse: 'O que esse idiota está fazendo nessa porra?'. Fui lá e tirei o menino da gravação. Então o diretor perguntou por que ele estava indo embora. Ironicamente, eu disse que estava levando o 'idiota' embora. A mãe ficou brava comigo". Era a hora de essa mãe apoiar o filho, tirando-o de uma situação humilhante. Ieda recorda outra situação: "Cheguei numa gravação de madrugada e as mães estavam chorando porque as crianças estavam roxas de frio. Os produtores querem uma cena linda. Nem todos se preocupam com o bem-estar da criança. Tirei as crianças da água. As mães têm medo de se 'queimar' com o cliente".

Nem sempre o artista mirim tem noção das consequências que um trabalho pode causar. Ieda lembra-se de uma menina de 13 anos que foi contratada para uma novela: "A cena sugeria estupro e a tiraram da novela porque a cidade onde a atriz morava poderia não aceitar. A emissora tomou essa precaução pela integridade física da menina, entendendo que as pessoas da cidade poderiam não compreender que era apenas uma personagem e não a vida real dela".

Desprezo

Nessa área, alguns profissionais se sensibilizam com crianças, tratando-as com muito carinho e respeitando-as, mas a maioria está envolvida com o trabalho e esquece que está lidando com pequenos. Sem nenhuma psicologia, tratam-nas friamente, como se fossem adultos no jogo do capitalismo. Às vezes, a maior causa é a falta de paciência.

Ieda Ribeiro conta como age em sua agência ou em seus cursos: "Sou carinhosa, mas evito exageros. Não faço oba-oba, não saboto a realidade. Não dou bala para não condicionar, pois no mercado de trabalho raramente vão fazer isso com ela. Estamos olhando um produto".

O desprezo ou rejeição pode vir dos amiguinhos também ou de outras pessoas. Por inveja ou falta de conhecimento, há quem rejeite os pequenos artistas que estão experimentando o sucesso. O "bullying", termo usado para descrever um tipo de violência física ou psicológica, também atinge os artistas mirins. Aquele que comete esse erro pode ser uma pessoa que diz que a criança não pensa, que é metida, que tem vaidade excessiva etc. As talentosas e lindas irmãs Elisa Rodrigues e Luisa Castro disseram sentir o *bullying* na forma de preconceito: "Fazíamos aula de ginástica olímpica e artística, até que um dia um menino descobriu que participávamos de comerciais e espalhou a notícia. A partir desse dia, chegávamos lá e nos olhavam 'atravessado'; não queriam fazer dupla com a gente. Tivemos que sair da aula". Luisa lembra ainda de uma menina da escola que sempre queria brigar com ela, dizendo: "Olha a menina mais metida da escola". Essa atitude é completamente ultrapassada, pois a criança artista normalmente é feliz com o trabalho e é digna de respeito como qualquer outra. Mariana, que alcançou sucesso em desfiles e comerciais, também relatou o preconceito sofrido em sua cidade, Curitiba. Aos 9 anos, ela disse ter chorado várias vezes por se sentir excluída pelas amigas. Chamavam-na de patricinha. "Uma vez minha irmã me perguntou por que eu estava lanchando sozinha na escola. Contei que as meninas me falaram que eu chamava muita atenção e elas se sentiam mal. Chorei porque não queria chamar atenção, queria ter uma profissão. Já sofri muito com isso. Não falava pra ninguém que era modelo. Evitava contar pra não perder amigas, mas estou aprendendo a lidar com isso."

Humilhação

A humilhação pode partir de qualquer pessoa que não tenha noção de responsabilidade nem entenda de psicologia para saber tratar uma criança. Essa pessoa pode ser um diretor, um agente, um produtor, alguém envolvido com o trabalho artístico ou até alguém da família do pequeno artista. Já aconteceu de chamarem o artista mirim, no ambiente profissional, de retardado, débil mental, lerdo, entre outras coisas. E isso nem sempre é falado em tom de brincadeira. "Você tem problema mental? Então precisa de tratamento, querido." Se a criança não tem problemas, pode passar a ter após uma situação assim. É preciso que os responsáveis fiquem atentos e evitem tais situações.

Responsabilidade em excesso

Escola, trabalho, cursos extracurriculares. Chega! E o tempo para brincadeiras? Algumas crianças simplesmente abandonam a carreira no auge do sucesso por falta de tempo, estresse, coisas mais comuns na vida dos adultos.

A pressão sofrida pode vir não só do mercado de trabalho, mas dos próprios pais. Há muitos casos em que a criança começa a se sentir obrigada a "fazer dinheiro". A agente Ieda fala: "Um menino de 12 anos me disse que não poderia ficar desempregado. Além disso, muitos pais ensinam que eles precisam ser politicamente corretos o tempo todo. Isso é ruim, porque podem perder a espontaneidade".

Aos 10 meses de idade uma menina foi contratada como atriz em uma novela. Depois que cresceu, declarou numa entrevista que nessa época gravava trinta cenas por dia e ficou muito doente, tendo quatro princípios de pneumonia e crises de estafa. Por isso, ao terminar a novela seus pais não quiseram que ela continuasse nessa área. "Era muito puxado para um bebê", dizia. Mesmo com esse histórico, a pequena atriz cresceu e entrou para a faculdade de interpretação, com o sonho de voltar a trabalhar na TV.

Sentimento de inferioridade

Por mais que a criança esteja bem colocada profissionalmente, esse mercado pode fazê-la se sentir diminuída em algumas situações.

Frustração

O sentimento de frustração surge quando não se consegue atingir os objetivos, que normalmente estão ligados ao sucesso.

Um mundo de ilusões pode se colocar à sua frente. Saiba distinguir a ilusão da realidade. A psicanalista Miriam Tawil aconselha: "É importante selecionar uma agência infantil muito ética e séria. Caso contrário, pode haver um trauma. Procure saber como o artista (modelo ou ator) e seu responsável são vistos pelos agentes. Escutei isso: 'Se forem como gado ou se formam filas de dar volta no quarteirão toda semana no dia de seleção, sem a menor chance, são pessoas que nunca vão ser nada, mas fazemos o book porque as mães pagam e querem, insistem!'. Será correto? Essa criança sem chance de ter sucesso muitas vezes é ludibriada com ilusões e os pais querem ser iludidos. Por isso, como disse um dono de agência, muitas vezes o problema são os pais".

Outros motivos também levam a criança à frustração. Um menino participou do teste para o papel importante de uma superprodução dramatúrgica. Sucesso no teste, passou e foi contratado. Era a grande oportunidade de passar uma temporada fora de sua cidade, curtindo uma experiência incrível. Ele pegou um avião com sua mãe, carregando na mala a expectativa de uma mudança de vida. Segundo a mãe do ator mirim, a pessoa responsável pela preparação para o personagem não foi tão dócil com ele. Durante o treinamento para viver o personagem, ela pediu ao menino que fizesse coisas que ele não fez por achar perigoso. De outro lado, a pessoa considerou isso uma forma de agressividade e o treinou de forma exaustiva para trabalhar esse aspecto, até que o menino se machucou. Resultado: dores fortes o levaram de volta para casa. Ele não fez o trabalho. O que restou foi apenas a lembrança de uma aventura "relâmpago" e a frustração de ser o "quase" famoso. Não deu certo dessa vez. Outro menino o substituiu no trabalho que se tornou um sucesso até mesmo fora do Brasil.

PARA MANTER A FELICIDADE DOS PEQUENOS ARTISTAS

Apoio da família é tudo de bom!

O apoio da família é muito importante para o artista mirim. Além da dependência financeira, existe uma dependência emocional. O adulto sai de casa, vai tentar ser artista e às vezes até se desentende com as pessoas queridas para realizar um sonho. A criança ou adolescente precisa muito mais desse incentivo.

Paulo Pompéia, ator e diretor de capacitação do SATED SP, expõe o seu ponto de vista: "A criança precisa do carinho, porque trabalhar não é fácil. Precisa gravar, desfilar, filmar etc. A criança não tem a paciência que um adulto teria. É preciso ter sempre alguém da família para dar um apoio, moral e psicológico".

Liberdade de escolha

A criança tem o bem-estar garantido no papel, na Constituição Federal. Ela tem direito ao lazer. Na prática, nem sempre isso acontece, mas é isso que precisa ser respeitado. Enquanto criança é proibida de trabalhar por lei, também precisa ser proibida de ser triste, estressada, pressionada a fazer dinheiro por pais que pretendem ser sustentados por ela. É importante que ela brinque, que se divirta com o trabalho que está fazendo.

A busca do bem-estar

Os pais não devem permitir nenhuma situação prejudicial à criança em troca de fama e dinheiro. Não se deve deixar, por exemplo, o artista infantil ficar horas sob luz forte, especialmente os bebês. Não é preciso submetê-los a isso. Normalmente, as crianças que mais dão certo na carreira são justamente as que têm pais mais bem informados, que lutam pelos direitos da criança, que questionam.

Fábrica de artista mirim – Uma história para fazer pensar

A psicanalista Miriam Tawil relata uma experiência que teve numa viagem pelos Estados Unidos. "Num voo Nova York–Miami, o avião estava lotado de crianças lindas que voltavam de um concurso de modelos. A mulher ao meu lado, de uns 40 anos, disse-me que levava 12 crianças, todas adotadas por ela de um orfanato. Ela faz isso como profissão: mãe adotiva. Pega a criança ainda bebê, cria e aos 3 ou 4 anos já leva para o concurso e as agências escolhem. Ela me disse: 'Esse aí vai me levar ao Japão;

essa aí não pegou colocação, vai ter de ser atriz' (visivelmente decepcionada). 'Na média, todos foram bem colocados.' Perguntei como mantinha tantas crianças. Ela contou que tinha uma casa grande, com jardim e, embora simples, era muito confortável. E me perguntou: 'Que futuro teriam essas crianças abandonadas?' Ela dizia que dar uma chance a elas era muito bom e ainda podia viajar com as crianças, o que adorava, pois morava numa cidade pequena e não teria meios de viajar de avião como gostaria. As crianças pareciam gostar dela. Os mais velhos, adolescentes, ajudavam a cuidar dos pequenos. Na chegada ao aeroporto de Miami, vi seu marido, que a esperava com um bebê no colo. 'É o último recém-adotado. Não é lindo?' Dizia que esse prometia, tinha olhos verdes e era muito fotogênico.

Nas convenções onde dou palestras, noto os pais muito orgulhosos de suas crias e não medindo esforços para levá-los a essas convenções. A satisfação narcísica é enorme. Qualquer pai ou mãe que vê seu filho numa apresentação de balé, judô ou algo semelhante sempre tem ou deveria ter um certo encantamento. Afinal, aquela criatura saiu dele, foi sua produção. Imagine se ainda ganha um concurso! Se é filho natural ou adotado, é possível que ambos sejam alvo de orgulho. Muitas vezes, o filho adotado precisa ser melhor em tudo para premiar os pais que fizeram essa escolha e para que os pais se sintam pais perfeitos."

A recompensa: dinheiro x realização

O dinheiro é bem-vindo, desde que haja respeito e a exploração infantil seja uma palavra inexistente dentro da família.

As crianças não podem se tornar responsáveis pelo sustento de suas famílias, juridicamente falando. Na prática, essa regra nem sempre é respeitada. Várias agentes infantojuvenis de todo o Brasil declararam ficar irritadas com as mães que usam o dinheiro que as crianças ganham para pagar o cartão de crédito, a lente de contato nova, a lipoaspiração, as contas da casa etc. Além disso, para pagar contas pessoais, e não da criança, elas ainda reclamam na agência se houver atraso no pagamento do cachê do filho. Por causa desse tipo de comportamento, algumas donas de agência decidiram tomar uma providência: batalhar para que um percentual do cachê fosse depositado numa conta poupança da criança. Assim, mudanças significativas ocorreram em relação aos artistas mirins. A produtora de elenco e agente Ieda Ribeiro conta: "Eu tomei a iniciativa de falar com o Dr. Siro Darlan – juiz titular da 1ª Vara da Infância e da Juventude da Comarca do Rio de Janeiro naquela época e desembargador da 7ª Câmara Criminal do Rio de Janeiro – sobre a poupança de 40% do cachê da criança para qualquer tipo de trabalho realizado – comercial, novela etc. Aqui no Rio de Janeiro tornou-se obrigatório. Eu tive a ideia e fui pessoalmente até o Dr. Siro. As pessoas ficaram contra mim na época porque atrapalhou um pouco o novo procedimento. Até todos se adaptarem, deu muito trabalho". Às vezes a família da criança precisa desse dinheiro, mas é justamente para evitar que algumas famílias explorem seus filhos financeiramente que se busca estabelecer regras.

> Essa é uma portaria do carioca Dr. Siro Darlan, que ficou conhecido por causar polêmica. Ele foi responsável por proibir temporariamente a participação de atores menores de 18 anos na novela global *Laços de Família*, escrita por Manoel Carlos, em 2000.

Em São Paulo, por exemplo, não se faz isso em todos os trabalhos, mas os responsáveis pelo SATED SP já comentaram sobre o assunto. Enquanto houver liberdade para definir para onde vai o dinheiro da criança, cada família decide o que fazer de acordo com seus princípios. "Minha mãe nunca me deixou gastar tudo", disse o ator Pedro Rossa. Rita explica: "De publicidade, nunca guardamos muito. Ele comprou uma guitarra, melhorou o computador, mas abriu uma conta. Quando surgiram os contratos mais importantes, mais longos, passamos a reservar mais dinheiro para o futuro dele". Aos 16 anos, Pedro Rossa já tinha dinheiro suficiente para comprar um carro, tudo com o que guardou dos trabalhos que realizou. Rita entende de aplicações financeiras e ajudou Pedro a reservar o dinheiro de forma que rendesse bem. Rita Rossa comenta sobre o que Ieda ajudou a conquistar: "O Juizado de Menores do Rio de Janeiro exige que se guarde 40% do que o ator mirim recebe numa poupança e ele só terá acesso quando atingir a maioridade. Esse dinheiro fica preso, nem a mãe tem acesso. Eles mandam o documento para assinar, que já exige que se guarde parte do salário do ator". Nesse momento, Pedro já tinha dinheiro aplicado de outros trabalhos que havia feito.

Felizmente, há histórias em que o dinheiro da criança foi bem aplicado. A atriz Samantha Dalsoglio dá sua opinião: "Minha mãe se separou quando eu era pequena e tinha que sustentar sozinha três crianças. Comecei a trabalhar como artista mirim e ela comprou um apartamento com uma boa parte do rendimento do meu trabalho quando criança. Depois que cresci, toda a ajuda que dei a ela se transformou no investimento que ela fez em mim. O dinheiro do meu trabalho foi investido no tempo em que tive que parar para estudar teatro por cinco anos. Fiquei esses cinco anos sem fazer TV. É preciso considerar o futuro. Os pais precisam ter consciência e investir uma parte do dinheiro dos trabalhos nos estudos e, principalmente, num aprimoramento técnico, na passagem da infância para a adolescência. Muitas vezes, a criança não continua como atriz, modelo, apresentadora ou cantora, mas trabalha numa área ligada à arte, devido à experiência que teve na infância. A minha experiência como atriz me ajuda muito na fotografia e na direção de atores".

Crianças geralmente ganham cachês menores que os adultos. De qualquer forma, o mercado evoluiu, visto que em outros tempos os atores mirins nem eram remunerados pelos trabalhos realizados. Rita Rossa conta sobre o primeiro trabalho do filho: "Meu cunhado era editor fotográfico e precisava de uma criança para ilustrar uma matéria na revista em que trabalhava. Então ele perguntou se o Pedro, aos 7 meses, poderia fazer essa foto, sobre calça plástica. Ele fez, mas não ganhou dinheiro. Pelo trabalho, ganhou várias calças plásticas e eu dei tudo, porque ele sempre usou fralda descartável".

No entanto, é preciso tomar cuidado para que isso não continue acontecendo. Sérgio Paula Souza, ex-advogado do SATED SP, diz: "A criança que quer seguir essa área é profissional desde o começo. Mesmo que ela esteja se divertindo durante uma campanha publicitária, o anunciante está ganhando dinheiro. Ele está reproduzindo a imagem e a voz de uma pessoa, que deve ser profissional ou estar autorizada para fazer esse tipo de trabalho. O anunciante, além de ganhar dinheiro, precisa pagar as pessoas envolvidas de forma justa. Enquanto a mãe fica feliz porque a filha foi capa de revista, desfilou ou apareceu na TV, o anunciante está ganhando dinheiro. Muitos fazem uso indevido da imagem, mas dizem que pediram autorização".

Publicidade

Há cachês altos para crianças também. O cachê costuma ser bom em campanhas publicitárias, especialmente se o papel for de destaque. As campanhas internacionais normalmente oferecem os melhores cachês. Uma agente paulistana revela que sua modelo mirim fez a campanha internacional de um creme dental e recebeu um cachê de R$ 8.000,00. Existem também as campanhas nacionais que fazem sucesso e são veiculadas várias vezes, o que aumenta bem a remuneração. Foi o caso da histórica campanha publicitária do DDD, da Embratel. Criada pela agência de publicidade W/Brasil, foi veiculada por três anos consecutivos com grande sucesso. Acrisia Monteiro agenciava um dos famosos meninos gordinhos contratados, que tinha 7 anos. Ela conta que ele ganhou um cachê tão bom, apenas com essa campanha, que lhe valeu um apartamento. "Seus pais tinham uma condição financeira boa, então compraram o imóvel para o ator mirim, alugando-o e deixando a renda para o filho, que estava com 11 anos. Além disso, a agência de publicidade pagou uma viagem para cada ator mirim ir à Disney com a família (pais e irmãos)".

Mas não é sempre que se ganha bem, e, comparado ao cachê de um adulto, o da criança normalmente é inferior. Uma importante agente de São Paulo desabafa: "O cachê pago para as crianças é miserável, vergonhoso. Minha agência era exclusivamente infantojuvenil, mas abri um departamento para atores até 25 anos, e são eles que trazem o maior faturamento para a minha empresa atualmente".

Além do dinheiro, a publicidade funciona como um trampolim para trabalhos mais importantes. Após dezenas ou até centenas de comerciais, artistas mirins conquistam espaço como apresentadores de programas de TV, como atores de novela e outras oportunidades.

Quanto mais importante a campanha publicitária, mais projeção pode-se conquistar. Foi o que aconteceu com as crianças da campanha *Mamíferos*, da Parmalat, que estampavam vários *outdoors*, revistas de grande circulação, entre outras mídias. Todos os envolvidos se alegram. As mães afirmam que mesmo bem pequenos os filhos artistas vibram ao se verem num *outdoor* ou na TV.

Revista

Pouco dinheiro e uma felicidade transbordante. A filosofia das revistas é a seguinte: ela se torna uma parte importante do currículo de quem participa de seu conteúdo editorial, então não é preciso pagar muito para o marketing do modelo. Semanal, mensal ou bimestral, a revista é melhor que jornal, porque tem um papel mais bonito, não é jogada no lixo assim que é lida, e a foto normalmente é colorida. Há quem guarde revista por anos e anos e lá está a sua foto.

Catálogo de moda

Simples ou glamorosos, dão um *up* na vaidade. Cabelos produzidos, maquiagem, trabalho de modelo. Nem sempre pagam bons cachês, mas vale a pena fazer.

Desfile

O desfile está para o modelo como o teatro está para o ator. É ali que se vai sentir a energia do público. Adrenalina, medo de errar, o prazer de ouvir os aplausos e de se sentir *star* diante dos *flashes* dos fotógrafos.

O cachê costuma ser baixo e o tempo envolvido é considerável. É preciso fazer teste, depois prova de roupa, ensaios e o trabalho em si. Isso chega a levar no mínimo quatro dias. Há cachês que não cobrem os custos de ida ao local de trabalho, alimentação e outras despesas. Nesse caso, o modelo está pagando para trabalhar.

Cinema

O trabalho em cinema pode ser de uma nobreza indiscutível. Um belo filme, uma bela interpretação, e a imagem da criança pode atravessar fronteiras se o filme for indicado ao Oscar. Filmes brasileiros com crianças já foram exibidos na maior festa do cinema.

Mas isso não significa que a criança vá ganhar muito dinheiro. Isso varia de acordo com a produção. O ator Azharuddin Mohammed Ismail, do filme *Quem quer ser um milionário?* (2008), continuou morando em uma favela em Mumbai, na Índia, depois de o filme ganhar oito Oscars e arrecadar US$ 326 milhões. Aos 10 anos, viu o barraco onde morava – feito de plástico e bambu – ser destruído por autoridades da Índia por ocupação ilegal de terreno do governo. Segundo elas, sua família ganharia uma nova casa em outro lugar. Enquanto isso, os produtores do filme diziam ter feito de tudo para ajudar os jovens atores do filme.

Livro

Nem sempre se ganha dinheiro ao estampar um livro, visto que o objetivo pode ser apenas divulgar um trabalho ou o seu nome. Por outro lado, uma foto num livro tem um grande valor, porque se trata de uma obra mais duradoura, que imortaliza quem faz parte dela. Quem jogaria um livro no lixo?

Teatro

Cachê fechado ou participação na bilheteria. De uma forma ou de outra, ganha mais dinheiro em teatro quem já conquistou fama e de preferência esteja fazendo alguma novela de grande audiência. O diretor teatral Ivan Martins já dirigiu muitas peças com crianças, anônimas ou famosas, e revela: "Geralmente, trabalha-se com percentual sobre as vendas na bilheteria. Se há patrocínio de uma empresa grande, isso me permite pagar um salário para os atores. Os mais famosos sempre negociam seus cachês. O salário ou o percentual sobre a venda dos ingressos é normalmente maior que o dos artistas menos conhecidos".

Alessandra Libardi, que já foi dirigida por Ivan, ficava muito feliz com o cachê que recebia numa de suas primeiras peças. Ao terminar uma apresentação, ela me disse: "Tia, já posso comprar um esmalte com o que ganhei hoje!". Tão jovem, e vendo o dinheiro chegar pelo seu próprio talento. Anos depois, ela contou: "É o seu modo de ganhar dinheiro. Quando se é criança, não importa se são 3 ou 100 reais. Já é o seu dinheiro, você trabalhou para ter aquilo. Era por isso que eu gostava. Era uma realização".

Como o teatro normalmente rende menos dinheiro que novelas e publicidade, por exemplo, os agentes artísticos – que ganham comissão – não faturam tanto. Com isso, uns não incentivam os seus atores a fazer peças, mas quem tem uma visão de marketing boa acaba apoiando, porque sabe que o teatro projeta o ator. As chances de sucesso aumentam para os que participam de espetáculos, o que pode gerar bons resultados posteriormente. Há agentes que parecem entender bem sobre isso e não cobram percentual sobre o cachê de teatro dos atores mirins. A exceção fica com os musicais superproduzidos, que oferecem remuneração melhor aos atores.

Televisão

A TV está no imaginário da maior parte da população como a grande meta. Sinônimo de fama, dinheiro e glamour, é lá que se deposita o mais secreto dos desejos de quem busca reconhecimento profissional. Mídia de massa, especialmente se for TV aberta, que chega a atingir milhões de pessoas de uma só vez, ela desperta a vontade de mergulhar nesse mundo de câmera, ação e ilusão. A fama e o dinheiro andam próximos nessa tal cobiçada televisão, mas apenas para alguns. O protagonista da novela, o apresentador do programa e o vencedor de um *reality show* de grande audiência podem ganhar mesmo um bom dinheiro. A mídia e o público em geral passaram a especular sobre o salário da pequena Maísa, contratada pelo SBT como apresentadora. De acordo com eles, ela já recebia aos 6 anos de idade em torno de 25 mil reais, valor equivalente, na época, a 55 salários mínimos. Ulysses Cruz, diretor de TV e teatro, opina: "Na televisão, se vê muita criança arrimo de família. Uma família bem estruturada é importante". E é mesmo, pois são muitas as histórias de pais que se tornaram inimigos dos próprios filhos ricos e célebres por causa de dinheiro, especialmente em Hollywood, onde os cachês são milionários. Que os altos cachês sejam sinónimo de harmonia familiar – com equilíbrio, isso é perfeitamente possível.

Nem toda criança importante na TV ganha o que Maísa chegou a ganhar. Cyla conta sobre Rebeka Angel: "A minha filha recebia salário mensal para apresentar o programa *Carrossel Animado*, no SBT. Não era um cachê tão alto, era o suficiente para pagar o colégio e as despesas mensais dela".

É bom lembrar que existem os figurantes, os coadjuvantes, os colaboradores e outros que ganham pouco ou nada para exibir sua imagem na TV.

Os trabalhos nem sempre serão garantidos. O contrato com a emissora pode ser por obra ou mais longo. Rita, mãe do ator Pedro Rossa, fala sobre a contratação de seu filho na minissérie *Presença de Anita*, da Rede Globo. "Pedro foi contratado por obra, mas era como um funcionário normal. O cachê era pago mensalmente. Quando a minissérie acabou, eles deram baixa no contrato e pagaram tudo normalmente."

Outros benefícios

Tudo leva à felicidade: o prazer de ser alguém respeitado pelo seu trabalho, de ter reconhecimento, de ganhar dinheiro, o orgulho de ter uma história bonita para contar, a expansão da mente, a conquista de um mundo maior do que a sua cidade, tudo isso é intrínseco a uma carreira artística bem-sucedida, inclusive para os pequenos artistas. A oportunidade de ser uma pessoa maior e melhor tem um valor inestimável.

O diretor teatral Carlos Henrique Pimentel, no cargo de Superintendente da Fundação Rio das Ostras de Cultura, fala: "Por causa de um espetáculo, um ator entrou pela primeira vez num restaurante, viajou pela primeira vez de avião, conheceu a capital do Rio de Janeiro, tudo por esse caminho da arte, que gerou para ele essa oportunidade. Não tenho certeza, mas será que ele teria essa oportunidade seguindo outro caminho?".

Os pequenos ficam nas "nuvens". A arte de interpretar é como uma brincadeira. E o melhor é que você cresce e continua brincando.

As duas faces da fama

Tem gente que constrói a fama com trabalho. Tem gente que nasce com a fama. É o caso de filhos de celebridades, que já estão sob os *flashes* desde o momento do anúncio da gravidez da futura mamãe famosa na mídia. Saiu na revista que Angélica ficou grávida. Daí em diante, aparece Angélica com o barrigão na praia, na festa, tomando sorvete, indo ao médico etc. No dia do nascimento do bebê, a imprensa faz do acontecimento um dos assuntos mais importantes do país naquele dia. E o assunto ainda ganha importância naquela semana, no mês e até no ano. Quando a célebre Gisele Bündchen ficou grávida, a notícia ganhou proporções ainda maiores. O mundo todo ficou sabendo da chegada de Benjamin, primeiro filho da *top* com Tom Brady.

Quanto maior o grau da fama, maior a exposição. Sasha, filha de Xuxa, é um dos maiores exemplos do Brasil nesse aspecto. Revistas focadas em celebridades já publicaram fatos importantes e outros tão banais que poderíamos perguntar: "Por que estou lendo isso?". Sasha espirrou na sala de aula, Sasha está com febre, Sasha jogou *videogame* hoje. Claro que estou exagerando um pouco. Ou não?

Filhos de famosos ficam expostos na mesma medida em que seus pais permitem essa exposição. Há mães e pais famosos que não permitem que a imprensa se aproxime, cobrem o rosto da criança diante dos *flashes*, entre outras atitudes. Alguns agem normalmente e a imprensa até fica calma nesses casos. Outros fazem questão de colocar a criança na frente das câmeras. Cada um escolhe a maneira como vai conduzir essa situação. O que não é inaceitável é transformar a vida dos filhos num mundo irreal ou num verdadeiro inferno.

Para os anônimos, a conquista da fama vai depender do trabalho, da trajetória profissional. Às vezes, um programa de grande audiência não torna a criança famosa porque a sua participação é pequena. Ou seus amigos não vão reconhecê-la porque o programa é exibido num horário em que a audiência é formada por adultos, como é o caso das minisséries.

Construção da fama

As consultorias de marketing e assessorias de imprensa são importantes nesse processo. Se o artista mirim já possui um currículo interessante e dinheiro para investir numa assessoria, esse é o momento certo para estimular o artista a estar na mídia.

No caso de quem já virou celebridade, a assessoria de imprensa vai servir para mantê-la nesse "estágio", melhorá-lo, conquistando um espaço ainda maior na mídia, e até mesmo para direcionar melhor as suas entrevistas, dar notícias sobre sua vida particular, caso o seu responsável escolha esse caminho, entre outras coisas.

A assessoria de marketing pode englobar a parte de imprensa, além de captar patrocínios para eventos, pensar na parte de licenciamento de produtos com o nome do artista, criar uma logomarca pessoal, uma assinatura especial etc. Maísa Silva é um exemplo de criança artista que teve produtos criados com seu nome, como uma boneca com as formas do seu rosto e uma linha de sandálias com sua assinatura.

Há quem pense logo em contratar esses serviços para tornar seus filhos famosos, mas é preciso avaliar se é necessário e se é possível. Quando uma criança entra numa emissora para fazer um trabalho importante, alguns profissionais de comunicação julgam que podem cobrar caro, considerando que a criança já está faturando muito. A mãe de um jovem ator de TV conta que uma vez tentou contratar uma assessoria de imprensa, mas cobraram um valor alto e seu filho ainda não ganhava o suficiente para pagar o que eles pediram.

As vantagens da fama

Mordomias mirins são comuns entre os pequenos de sucesso. Nessas horas, várias crianças anônimas desejariam estar no lugar deles.

Tratamento de estrela

Maquiagem, cabelo, figurino e bem mais do que isso à disposição. A apresentadora Maísa Silva virou celebridade, começou a ganhar um salário alto, passou a sair de casa para o trabalho com motorista da emissora e ganhou um camarim só para ela. Para chegar ao visual baseado na atriz mirim americana Shirley Temple, sucesso nos anos 1930, uma equipe de produção foi escalada para gastar cerca de duas horas com a pequena.

Nos trabalhos distantes de casa, os pequenos atores famosos ficam em hotéis luxuosos. Uma agente do Rio vibra com isso: "A gente acha o maior barato ver a reação deles. Na primeira vez que fomos para São Paulo com uma das nossas atrizes para fazer o trabalho de uma grife, o cliente nos colocou num flat. Ela disse: 'Nossa, esse hotel é chiquerésimo!'. Queria ver tudo. Abriu o frigobar e comeu tudo de uma vez só. Depois, entrou no banheiro e disse: 'Eu quero tomar banho de espuma'. Eu e sua mãe achamos uma coisa linda, um sonho de princesa".

Yes, nós temos roupinhas especiais!

Roupas emprestadas ou doadas por grifes infantis vestem estrelinhas e astros do momento. Algumas agentes de crianças ajudam a conseguir essas parcerias com marcas que costumam usar essa estratégia de marketing. Cada uma tem sua forma de divulgação. Se vestirem as celebridades pequenas, certamente ganharão visibilidade.

Para conseguir o patrocínio de uma loja para vestir a criança, é preciso mostrar um bom currículo e ter uma boa capacidade de persuasão. Foi assim que a mãe de Isabelle, que estava fazendo o musical *A Noviça Rebelde*, conseguiu um patrocínio. Ela mostrou algumas reportagens da filha e fotos do musical para a lojista, prometendo divulgar a marca. Assim, passou a vestir a atriz mirim em todos os eventos, testes e propagandas, além de divulgar a marca no blog, nas redes sociais, panfletos e boca a boca. A pequena atriz também era fotografada para as campanhas da loja e ficava à disposição para o que precisassem.

Enquanto as grifes fazem seu marketing e ganham projeção, as crianças têm a oportunidade de aparecer impecavelmente bem vestidas. Uma estilista do Rio de Janeiro tornou-se conhecida nos eventos de celebridades infantis. Ela vestiu algumas atrizes mirins na comemoração dos 40 anos da TV Globo e passou a assinar os *looks* das pequenas atrizes indicadas para premiações da TV. Chegou a produzir até alta--costura infantil. Para a entrega do prêmio de Melhor Atriz Mirim, da *Revista Contigo!*, as seis atrizes indicadas pelos trabalhos nas novelas da TV Globo foram vestidas de princesas, com *looks* exclusivos criados também pela estilista.

Convites para eventos

São muitos os eventos importantes que contam com a presença de pequenas celebridades. Elas desfilam como *top models* ou veem os desfiles com pose de gente célebre. São VIPs como os adultos e assistem aos desfiles na primeira fila. Além de toda a mordomia, são assediados pelo público mirim. Essa situação é corriqueira entre os pequenos artistas de novelas da TV Globo.

E eles aproveitam mesmo os momentos de glamour. As atrizes mirins célebres "brincam" de *top models*, aproveitam o estrelato.

Num concurso de modelos em que fui jurada, também faziam parte do júri duas apresentadoras mirins da cidade de Guarulhos, região onde haviam se tornado bem conhecidas. Fiquei impressionada, como sempre, com a capacidade de se expressarem: crianças experientes que davam opinião sobre as crianças que estavam na passarela em busca de um sonho.

Em determinados eventos, os pequenos são convidados somente para diversão. Em São Paulo, o parque Hopi Hari foi inaugurado com filhos de famosos e artistas mirins consagrados, todos convidados VIPs. O que dizer, então, de um evento para comer chocolate? Melhor ainda. A fábrica de chocolates Garoto e o Hotel Sheraton promoveram no Rio de Janeiro um evento em que os hóspedes tiveram a oportunidade de acompanhar e participar do processo de fabricação de ovos de Páscoa. A fórmula se repete: entre os convidados, filhos de famosos e pequenas celebridades, incluindo as pequenas atrizes que estavam em novelas da TV Globo nessa época.

Ao ver de perto as crianças famosas, consegui enxergar alegria verdadeira.

Reconhecimento: uma massagem no ego

Os comerciais de TV geralmente têm duração de 30 segundos. Por ser muito rápido, nem sempre se atinge a fama. As pessoas desconfiam ter visto o artista e falam: "Ah, era você, não era?". Pedro Rossa diz: "Nos comerciais, eu conseguia me ver na TV, mas não tinha tanta repercussão. Meus amigos sabiam que eu trabalhava com isso porque às vezes eu falava que não ia dar para fazer alguma coisa porque ia fazer um comercial. Quando o ator tem fala, sua participação pode marcar mais. Fiz um comercial que marcou bastante, pois tinha fala e foi exibido durante um ano. Fiz vários, mas o maior reconhecimento veio quando entrei no canal Nickelodeon. Fiquei mais conhecido porque era um programa de TV".

Os programas que passam muito tarde não costumam fazer a fama das crianças entre o público da sua idade, que normalmente já está dormindo na hora da exibição. O ator Pedro Rossa lembra: "Em *Presença de Anita*, meu personagem aparecia em quase todos os capítulos, mas a repercussão ainda não foi tão grande, embora a minissérie tenha tido uma boa audiência. Talvez por causa do horário em que passava na TV".

Em contrapartida, quando o trabalho tem muita projeção, o reconhecimento pelo público é certeiro, o qual pode se prolongar por muitos anos ou até pela vida inteira do artista. Após um trabalho importante, muitas crianças sentem o desejo de seguir a carreira artística. O sucesso passa a fazer parte de sua história particular.

Uma agente infantil lembra-se da infância de uma de suas célebres atrizes: "Ela sempre ganhou todos os prêmios de criança que você possa imaginar. Quando nós chegamos ao local de um evento, na época eu tinha um carro popular. Esforcei-me para comprar um melhor, para o próximo evento, que era o sonho dela. Na época, era um carro que dava pra gente viajar com ela e dava para chegar numa festa de celebridade. Ela desceu no tapete vermelho e ficou acenando para todos, dizendo: 'Tia, estou me sentindo famoooosa'. E eu disse: 'Você é famosa'. Eu a admiro muito. Quanto mais famosa, mais humilde se torna. Adorava vê-la falando: 'Gente, vocês não estão entendendo. Isso aqui é luxo demais!'. Era a coisa mais linda do mundo, porque ela já era uma celebridade".

Depois da infância, ela continuou escrevendo novos capítulos lindos de sua vida de estrela.

Uma festa patrocinada

Os patrocinadores e apoiadores ficam atentos a quem está na mídia, podendo exibir sua imagem, sua marca. Bom para os famosos. Priscilla Alcântara comemorou seus 12 anos enquanto curtia a fama como apresentadora do programa *Bom Dia e Cia*, no SBT, e lançava sua grife. A festa realizada num bufê infantil de São Paulo teve o apoio e patrocínio de várias empresas.

Premiações

Os pequenos artistas ganham reconhecimento pelo seu trabalho e recebem prêmios como os adultos. Os maiores eventos de premiação na área de interpretação são glamorosos e acontecem em lugares chiques, como o Copacabana Palace, no Rio de Janeiro.

Prêmio Qualidade Brasil
Prêmio de Melhor Ator Revelação de Teledramaturgia
Prêmio Contigo de Novelas – Melhor Atriz Mirim
Melhores do Ano no Domingão do Faustão
Medalha Tiradentes
Prêmio ABL
Prêmio Conta Mais
Prêmio Maria Clara Machado de Teatro Infantil
Troféu Imprensa – Atriz Revelação
Criança Mais Amada do Brasil

Propagar boas ideias e fazer o bem

Várias crianças famosas usam sua popularidade para melhorar a sociedade de alguma forma. Elas se envolvem em eventos beneficentes, projetos sociais, participam de programas como o *Criança Esperança* e até escrevem livros.

Já o ator mirim Guillermo Hundadze sempre gostou de fazer o bem e tinha vontade de participar do Doutores da Alegria, um grupo de atores que diverte crianças em hospitais. Deborah, sua mãe, conta: "Por ser criança, ele não poderia participar, então decidiu desenvolver um trabalho solo e criou seu próprio personagem, o Dr. Pirulito. Conversou com os responsáveis pelo Grupo de Apoio ao Adolescente e à Criança com Câncer (GRAACC) e conseguiu realizar esse sonho. Ele pediu para eu mandar fazer um avental branco, todo pintado com pirulitos. Quando queria ir ao hospital, ele mesmo telefonava, agendava e alguém o acompanhava nesse trabalho. Meu filho visitava as crianças doentes, conversava com elas e distribuía pirulitos. Às vezes, as meninas pediam para tirar foto com ele e diziam: 'Vou tirar essa foto, mas não sei se quando você voltar eu ainda estarei aqui'. É preciso ser forte para lidar com isso".

As desvantagens da fama

O que pessoinhas famosas enfrentam

Superexposição

Criança tem preparo psicológico para enfrentar a fama excessiva? Se muitos adultos não têm, é possível imaginar o que acontece com as crianças. Claro que a reação de cada criança vai variar de acordo com sua estrutura familiar, com a educação que tem, com os valores que são passados para ela, com os conselhos dos responsáveis etc.

O cachê aumenta, mas a procura, ou melhor, a contratação efetiva, pode até diminuir devido ao valor do cachê, que se torna mais alto. O agente Dell Santhos diz: "Os artistas desconhecidos vão para vários tipos de teste. Já os famosos têm uma procura mais específica. O cliente costuma perguntar: 'Que crianças famosas você tem na agência?'. Assim surgem os trabalhos para elas".

Se a criança fica famosa, pode ser que o seu cliente já não possa pagar o cachê desejado – ou merecido – por ela. Ou não queira mesmo que o trabalho seja feito por alguém que tenha fama.

Sobre o programa *Gente Inocente*, a diretora de TV Cininha de Paula declarou para o jornal *Correio Braziliense* de 7 de julho de 2002: "As crianças deixaram de ser crianças e passaram a ser tão personalidades quanto as personalidades que elas entrevistam". Aos olhos de um diretor, isso pode ser muito bom ou significar que está na hora de trocar o elenco.

Cansaço e falta de conforto

Os compromissos aumentam. Além do trabalho, entrevistas para a mídia e participações em eventos. Apesar de ter um lado delicioso, tudo isso cansa. Em casos extremos, é preciso "desacelerar" para evitar estresse.

Filho de celebridade também sofre, mesmo não sendo artista. Às vezes, até um pouco mais que filho de anônimos. Eles acompanham gravações, shows, viagens e muitos mais. Aproveitam o lado bom e se sacrificam algumas vezes também. A imprensa costuma fazer críticas a situações desse tipo. Um casal famoso na área da música foi acusado pela mídia de submeter a filha de apenas um mês de idade aos decibéis de um trio elétrico infantil, além de ficar sob um guarda-chuva para não se molhar.

A volta para o anonimato

Não quero dizer que o anonimato seja algo ruim. O problema é o inconformismo de quem já experimentou o sabor da fama ao voltar a ser uma pessoa considerada normal. Há crianças que lidam bem com isso, mas os pais, nem sempre. Presenciei casos absurdos em que a mãe era a inconformada, tentando conduzir a vida do filho como ela mesma desejava. Ele foi famoso quando criança e depois dos 11 anos já pensava tranquilamente que poderia, no futuro, ser até um administrador de empresas, situação inconcebível pela mãe do garoto.

A adolescência está chegando

As mudanças são bruscas na infância. Tudo muda rápido: a aparência, a personalidade, as vontades, o conhecimento, a disponibilidade de tempo, entre outras coisas. Por tudo isso, a maior parte das crianças não segue a carreira artística na vida adulta.

A maioria não quer. Estão cansadas, enjoadas, ou descobriram novos rumos ou desejam mesmo é brincar de boneca ou carrinho enquanto é tempo.

Algumas querem continuar e não podem, por causa da beleza que não é mais a mesma e o mercado já não as requisita como anteriormente. Já vi crianças belíssimas ficarem com nariz grande, dentuças, com papo debaixo do queixo, desengonçadas, sem nenhum charme. E o que é que há de errado? Nada. Nenhum ser humano deve ser avaliado apenas pela aparência. De repente, essa criança será um grande cientista no futuro. Só não dá para ser modelinho a vida toda. E se quiser ser ator, comediante, ótimo. Se faltar a beleza de deuses gregos, vamos ver onde estão nossos talentos. E vamos caminhar por onde a estrada é mais adequada.

A dúvida é cruel e elas se perguntam: será que vou crescer bastante, será que vou continuar bonita, vou ser magra e minha pele será lisinha? É preciso se cuidar, mas antes de qualquer coisa é preciso se amar. Se a menina não passar de 1,60 m, está tudo bem. Não vai desfilar em Milão, mas pode brilhar de outro jeito.

É preciso muita persistência, muito amor pela arte, muito desejo de brilhar em palcos ou revistas para atravessar a vida no mundo artístico. Se por um lado tudo é tão lindo, imagine quanto é cansativo não ter liberdade para dizer: "Hoje eu quero ficar em casa, estou com gripe, não quero aparecer na TV". Artista que é artista chega a trabalhar com febre. É uma mistura de responsabilidade, profissionalismo e um toque cruel de vício pelo sucesso. Quantas vezes você viu uma apresentadora de TV famosa sumir quando não está de férias? Isso praticamente não acontece, a não ser que o motivo seja muito forte.

Ao longo dos anos, cansaço, alegrias, conquistas, tristezas, depressão. Por outro lado, começar a trabalhar com tão pouca idade tem seus benefícios. A experiência adquirida ao longo dos anos é um bem que não pode ser comprado e traz grandes vantagens.

De qualquer forma, muitos dos artistas mirins já se preocupam com seu futuro. Mesmo trabalhando bem, há quem planeje fazer faculdade, por considerar a área da interpretação muito instável. Esses consideram que uma segunda opção profissional é importante. Pode ser uma faculdade numa área relacionada, como cinema, ou até algo bem diferente.

Quando completou 12 anos, o ator Guillermo Hundadze já havia elaborado parte do seu futuro. Deborah, sua mãe, contou: "O Guillermo é muito determinado e planeja continuar na carreira de ator, mas também decidiu que vai fazer faculdade de Processamento de Dados. Segundo ele, se estiver parado com o trabalho de ator, terá outra renda e não precisará ficar desesperado nem passar necessidade, como tantos atores que ele conheceu e que fica com vontade de ajudar".

É importante se preocupar mesmo. É muito comum pequenos artistas perderem seus 'empregos' porque cresceram. A atriz Eunice Baía, por exemplo, na terceira versão do longa-metragem *Tainá* já era grande demais para o papel de indiazinha.

A transição

Quem está acostumado com a fama precisa ter consciência de que passar uma fase fora das telas da TV é muito comum para os atores. Nessa faixa etária, pode ser até mais. Ganham corpo, viram adolescentes e os contratantes podem mudar de ideia em relação aos seus artistas preferidos. Isso também acontece com modelos mirins, que podem deixar de desfilar e estampar revistas.

Se a criança mudar de fisionomia, mudar de corpo, engordar, ficar com a pele feia, pode não ter mais um perfil tão solicitado. Isso não é um grande problema. É uma boa hora para investir em conhecimento, desenvolver o talento.

A mudança de corpo, no entanto, pode até ser proposital, especialmente no caso das crianças maiores e adolescentes. Uma jovem atriz ganhou sete quilos para interpretar sua personagem numa novela, com a ajuda de uma nutricionista.

Desistência

Paulo Pompéia afirma: "A maioria não vai pra frente como artista". Parece que se cansam. De acordo com esse ator renomado, o que cansa é a falta de glamour. Mas, como as crianças dependem de um responsável, pode ser que um dia essa pessoa deixe de ter disponibilidade para enfrentar os cansativos testes. Nesse caso, não há o que fazer.

Persistência

Para os que vão continuar na carreira, vale a pena fazer certos investimentos. Estudar para construir uma carreira mais sólida é fundamental. Acredito mais numa carreira bem construída do que em milagres.

- Curso de dublagem
- Curso de interpretação
- Curso de dança
- Aulas de canto

Jackeline Petkovic foi uma das artistas mirins que pararam por alguns anos, voltaram com força para continuar e deram certo! Ela conquistou a fama ao apresentar programas infantis de TV, mas desde cedo investiu no aperfeiçoamento de seus talentos.

A atriz Samantha Dalsoglio cita alguns artistas mirins que iniciaram a carreira na mesma época que ela, estudaram e atingiram o sucesso profissional também na fase adulta: "O ator e apresentador Rodrigo Faro fez duas faculdades. Selton Mello estudou teatro no Tablado, tornou-se um grande ator e também diretor de cinema". Selton investiu em conhecimento e se tornou um ator consagrado no cenário nacional.

Nem todos seguem a carreira inicial, mas aproveitam a experiência e, com inteligência e dedicação, brilham em atividades muito próximas. "O Afonso Nigro (ex-Dominó) virou produtor musical. Samantha, que também estudou bastante, tornou-se fotógrafa e ganhou notoriedade com vários trabalhos importantes que já realizou como atriz.

Outros brilham também em atividades bem diferentes do mundo artístico. Aos 16 anos, Debby Lagranha – que conquistou sucesso na TV como artista mirim – passou para o curso de Medicina Veterinária na Faculdade Estácio de Sá, no Rio de Janeiro.

Ex-artistas mirins vão crescendo, amadurecendo, tomando decisões, escolhendo caminhos na área artística ou não. Ora desistem, ora retornam. O caminho que cada um vai seguir só o tempo dirá.

Famosos que começaram a trabalhar na infância

Eles começaram a carreira artística ainda crianças. Alguns já se tornaram adultos e se beneficiaram da experiência profissional para manter seu espaço na mídia ou conquistaram esse espaço depois que cresceram. Participaram de filmes, seriados, novelas, teatro, desfiles, fotos, ou qualquer outro trabalho voltado para modelos e atores. Alguns chegaram a trabalhar no exterior. O que eles têm em comum é que todos ganharam destaque na profissão. Para todos, valeu a pena dar os primeiros passos na carreira quando criança. A experiência e a persistência se tornaram ingredientes perfeitos para uma receita de sucesso que se prolonga na fase adulta. Confira a idade com que eles começaram a trabalhar.

Adriane Galisteu: 9 anos
Adriano Leonel: 4 anos
Ana Paula Arósio: 12 anos
Ana Rita Cerqueira: 4 anos
Angélica: 4 anos
Andréia Sorvetão: 6 anos
Aretha Marcos: 6 anos
Beto Silveira: 8 anos
Bibi Ferreira: 24 dias
Bruna Marquezine: 5 anos
Bruno Abrahão: 5 anos
Caio Blat: 8 anos
Caio Romei: 3 anos

Carla Diaz: 2 anos
Carolina Pavanelli: 4 anos
Caroline Molinari: 1 ano
Caroline Smith: 11 anos
Cauê Braga: 3 anos
Cecília Dassi: 3 anos
Celso Bernini: 12 anos
César Cardadeiro: 5 anos
Daniela Sarahyba: 4 dias
Danilo Faro: 6 anos
Danton Mello: 5 anos
David Lucas: 7 anos
Debby Lagranha: 1 ano e meio
Deborah Secco: 8 anos
Elizângela: 7 anos
Eunice Baía: 8 anos
Felipe Reis: 13 anos
Fernanda Rodrigues: 3 anos
Gabriel Moura: 8 meses
Giovanna Vargas: 5 anos
Glória Pires: 5 anos
Guillermo Hundadze: 7 anos
Guilherme Vieira: 2 anos
Hanna Romanazzi: 2 anos
Isabela Garcia: 4 anos
Isabelle Drummond: 2 anos
Izabella Bicalho: 4 anos
Jackeline Petkovic: 1 ano
João Vítor Silva: 5 anos
Johnny Massaro: 11 anos
Juliana Knust: 12 anos
Júlia Maggessi: 6 meses
Júlia Matos: 2 anos
Julia Ruiz: 10 anos
Kayky Brito: 8 anos

Klara Castanho: 9 meses
Lara Rodrigues: 2 anos
Leonardo Rocha: 6 meses
Lívian Aragão: 8 meses
Luana Dandara: 5 anos
Lucas Gonçalves: 5 anos
Lucas Hornos: 5 anos
Maísa Silva: 3 anos
Malu Rodrigues: 2 anos
Marcela Barroso: 5 anos
Mariana Gobi: 4 anos
Mariane Oliva: 3 anos
Marília Pêra: 5 anos
Marina Ruy Barbosa: bebê
Matheus Braga: 3 anos
Matheus Costa: 6 meses
Miguel Roncato: 10 anos
Matheus Tayroni: 3 anos
Milena Toscano: 10 anos
Natália Lage: 4 anos
Nauhana Costa: 2 anos
Norma Blum: 12 anos
Patrícia Lucchesi: 3 anos
Pedro Malta: 2 anos e meio
Pedro Rossa: 7 meses
Pedro Saback: 9 anos
Polliana Aleixo: 8 anos
Priscilla Alcântara: 9 anos
Raica Oliveira: 12 anos
Rafael Ilha: 8 anos
Rebeka Angel: 4 anos
Rodolfo Valente: 9 meses
Rodrigo Faro: 8 anos
Rosana Garcia: 5 anos
Samantha Dalsoglio: 7 anos

Sarah Maciel: 1 ano
Sasha Meneghel: já nasceu sob os *flashes*
Selton Mello: 7 anos
Shaila Arsene: 6 anos
Simony: 3 anos
Sofia Terra: 6 anos
Sthefany Brito: 7 anos
Thaiane Maciel: 3 anos
Thiago Rodrigues: 15 anos
Victoria Diniz: 5 anos
Wagner Santisteban: 5 anos
Yudi Tamashiro: 8 anos

A jornalista Paula Marini vibra ao falar de uma das atrizes que entrevistou e que tanto admira: "A história da atriz Bibi Ferreira é linda! Ela começou sua carreira com 24 dias de vida, quando os seus pais, o ator Procópio Ferreira e a bailarina espanhola Aída Izquierdo, levaram-na para o teatro". Em cartaz estava a peça *Manhãs de Sol*, escrita pelo seu padrinho Oduvaldo Viana, casado com a cantora Abigail Maia, que participava do espetáculo. Justamente naquela noite sumiu a boneca que entraria no palco fazendo papel de um bebê. E Bibi entrou no palco pela primeira vez, no colo de sua madrinha, para substituir uma boneca que sumiu dos bastidores de uma peça de teatro.

Apesar de terem grande reconhecimento na área musical, alguns artistas que começaram a carreira na infância posaram para revistas, apresentaram programas na TV, participaram de filmes e até mesmo desfilaram. Ou seja, tiveram seus momentos de modelos e atores mirins. Entre eles estão Jair Oliveira e Simony.

Essa história é minha

Margareth Libardi

Penso que participei de um concurso de beleza no dia em que nasci. Minha mãe disse que eu fui colocada na primeira fileira do berçário por ser o bebê mais bonito. Onde já se viu uma coisa dessas? No primeiro dia de vida já passamos pelo julgamento da perfeição. A sociedade que cultua a beleza funciona assim. Claro que meus pais ficaram orgulhosos, mas era uma forma de discriminação. Fui crescendo e me acostumando a receber outros elogios que vieram pela frente.

Dizem que sempre gostei de fazer pose e aparecer, embora eu tenha sido muito tímida até a adolescência. Aos 2 anos eu cantava e dançava na frente da TV para minha família me "assistir". Ora, eu me achava mais importante do que aqueles comerciais, telejornais e novelas na época em que a TV nem era em cores ainda.

Quando minha irmã mais velha fez 15 anos, eu tinha 4. Seu álbum deve ter mais fotos minhas do que dela, todas com poses irreverentes. Lembro que ela ficou meio brava, mas acabou se acalmando. Acho que eu tinha talento para ser modelo, mas não pensava nisso.

Brincando de boneca, eu fazia vozes para elas. Uma voz diferente para cada boneca, até chorava por elas. Uma vez, a vizinha chamou desesperadamente minha mãe para ver o que havia acontecido, pois eu estava chorando muito. Era a "boneca". Acho que eu tinha talento para atriz, mas pensava em ser apresentadora de telejornal. Também quis ser bailarina, cantora, arquiteta, pianista, desenhista, fotógrafa, escultora etc.

Aos 16 anos, um fotógrafo disse que eu devia fazer um book. Aquelas histórias que não levam ninguém a lugar nenhum. Sabe como é?

Fiz as fotos, fiquei empolgada, mostrei para umas amigas, para a família e para o meu namorado naquela época. Nem lembro no que deu, mas não levei muito a sério. Lembro que o fotógrafo prometeu uns trabalhos, figurações, e nem trabalhei. De qualquer forma, curti a novidade, achei tudo muito diferente, como ir para o estúdio, usar maquiagem, fazer fotos "profissionais" e ficar maravilhosa. Hoje, acho aquelas fotos muito mal produzidas, ou melhor, nada profissionais. Só sei que minha mãe achou o máximo e depois pendurou uma das fotos num quarto da casa dela.

Parei de pensar nisso, pois eu queria mesmo ser arquiteta. Mas cheguei atrasada na primeira prova do vestibular e foi um trauma. Fiquei desorientada, achando que aquilo tinha acontecido por causa do destino, que eu não devia tentar novamente. Que bobagem! Resolvi fazer um monte de cursos para compensar: de informática, de inglês, de qualquer coisa diferente de faculdade. Trauma total!

Um dia eu estava com uma amiga e com a minha mãe pegando um ônibus para a Região dos Lagos, no Rio de Janeiro. Um rapaz puxou assunto com ela e sentou ao seu lado. Conversaram a viagem inteira. Quando chegamos, perguntei quem era o tal moço e sobre o que ele tanto falava. Era um ex-aluno do curso de modelos do SENAC RJ e amigo da professora Ylan. O conteúdo da conversa era eu. Atacando de caça-talentos, ele cismou que eu deveria fazer o curso, ser modelo, e convenceu minha mãe disso.

Aquilo me pareceu a luz no fim do túnel, depois de me perder no sonho da arquitetura. Adorei a ideia. Foi ali que eu realmente comecei a pensar em ser modelo profissional. Deu vontade mesmo de aprender aquele negócio direito, de desfilar, fotografar, fazer disso minha profissão, mesmo que fugaz.

No entanto, para cursar SENAC naquela época era necessário ter 18 anos. E eu esperei, de tanta que era a vontade. Fiz um teste e passei. Um sacrifício louco, uma felicidade imensa. Acordava muito cedo para ir ao curso. Fazia a maquiagem, levava um monte de tralhas (roupas e maquiagem) e pegava um ônibus. À tarde eu trabalhava na loja de um shopping. A expectativa de uma vida nova virava adrenalina no meu corpo. Eu não me cansava, só era feliz.

A professora Ylan apostava em mim e me incentivou a participar de uns concursos. Meu vestido roxo garantiu o título de Garota Tchan Imprensa. Nada relacionado ao "tchan" da Carla Perez. Ganhei pontos com a beleza e uma roupa muito "tchan". Lembro que, quando eu desfilava na frente do júri, o *showman* Miele falava: "Linda, linda"... Foi divertido.

No entanto, eu queria levar a profissão a sério, então fiz fotos profissionais, montei meu book e fui às agências. Sem a menor orientação, fui a muitas agências, deixei fotos em todas. Batalhei muito. Minha força de vontade era tanta que atrapalhou um pouco. Eu distribuía meus composites em inúmeras agências. Sabe Deus onde eu pisava... cada lugarzinho... Uma vez fui convidada para lutar na lama. Era algo como a garota da banheira do Gugu. Peguei meu book e fui embora. Não combinava comigo.

Acho que dei sorte, pois, com cerca de 1,70 m de altura, trabalhei bastante. Tirando a alta-costura, fiz desfiles em eventos de moda do Rio de Janeiro, fotos para confecções de roupas, para lojas de departamentos e muito mais.

Treinei futebol no time das Globetes. Atrizes e modelos se juntavam no campo. Milton Campos comandava esse time, que incluía Luciana Vendramini e Isadora Ribeiro. A estrela era Adele Fátima, a Sardinha 88. A intenção era dar show de bola. Na verdade, show de beleza, porque eu, pelo menos, era uma perna-de-pau.

Fui convidada para participar do concurso Miss Brasil em 1987, mas meu namorado tinha vergonha (ou ciúme) dos comentários dos amigos. Como o concurso já havia perdido parte do glamour do passado, não participei.

Planejava estudar no tão almejado curso de teatro Tablado, vaga difícil de ser conseguida na época. Mas, àquela altura, eu havia me encantado com a publicidade. Voltei a pensar em faculdade. Se não fosse arquitetura, seria publicidade.

Tudo melhorava. Assinei contrato de exclusividade com uma agência de modelos chamada Maria Nilza, na Urca. Depois de um mês, a paixão apertou, veio a vontade de casar e casei. Detalhe: meu namorado morava em Brasília. Rescindi o contrato com a minha agência, fiz as malas e fui para a cidade que respira política. Troquei as oportunidades profissionais por uma história de amor. Foi tudo muito rápido. No ano seguinte, não voltei para passar a faixa para a Garota Tchan Imprensa 88. Estava em Brasília, grávida do meu primeiro filho.

Cheguei a fazer uns comerciais no Planalto Central, mas o cachê era o valor da passagem de ônibus. Será que estou exagerando? Tudo bem, eu já estava na faculdade e meus objetivos eram outros.

Tive outro filho, trabalhei um pouco e estudei muito: taquigrafia, faculdade de Ciências Contábeis, curso de teatro, inglês e faculdade de Comunicação Social, com especialização em Publicidade e Propaganda, é claro. Terminei a faculdade em São Paulo, o maior mercado publicitário do Brasil.

Meu estágio foi na TV Globo São Paulo. Foi um sonho realizado, pois eu sempre quis trabalhar lá, fosse na área artística, de jornalismo ou de publicidade. Ganhei uma experiência fantástica. Adorei! De lá segui para uma das maiores produtoras de comerciais do Brasil. Fui parar no departamento de elenco, onde comecei a escrever o meu primeiro livro (*Profissão modelo – em busca da fama*). Coisas do destino? Vai saber...

Abri uma empresa de comunicação voltada para esse mercado em que me especializei e criei o site *Assunto de Modelo*. Hoje, eu administro meu site, fotografo, escrevo, faço consultorias, palestras, tornei-me atriz e canto nas horas vagas. Acho que minha estrada é longa. Nesse caminho eu vou colhendo os frutos das sementes que planto. E dividindo com quem estiver ao meu lado.

Dedicatória

Dedico este livro a todas as crianças que tornaram a minha vida mais alegre, especialmente meus filhos Eric e Ian e meus netos Davi e Tomás Libardi.

A todas as crianças que tiveram a força e a determinação necessárias para vencer, para conquistar um espaço nesse universo tão sacrificado em alguns momentos.

Agradecimentos

Sou eternamente grata a todas as queridas mães que me deram depoimentos importantíssimos para a realização deste projeto. A felicidade de contar seus "causos" me ajudou a construir mais uma obra que vai ajudar todos que desejam colocar seus pequenos no mundo artístico infantil.

Aos meus filhos amados, Eric e Ian, que me deram a oportunidade de conhecer profundamente o universo infantil e de aprender ainda mais durante os testes e trabalhos que eles realizaram como modelos.

À Alessandra Libardi, minha querida sobrinha, que encheu de emoção cada minuto da entrevista que me concedeu. Foi um momento muito especial ouvir seus depoimentos até então secretos.

À minha mãe, Wilma Libardi, musicista, que me ajudou a ser boa conhecedora das nuances do mundo artístico.

À assessora de imprensa Erika Digon, sempre uma grande parceira, apoiando o meu trabalho.

Aos agentes, fotógrafos, caçadores de talento, professores de teatro, profissionais de saúde e publicitários. À Malaika, da produtora Cinema Centro, e à Anna Maria, da agência AlmapBBDO.

Ao Pedrinho Malta, que me fez rir com tanta sabedoria, tanta capacidade de se comunicar, tanta inteligência, tanta esperteza.

Aos artistas mirins Yuri, Antonella Milani, Kauê, Ítalo Kortenhaus e tantos outros com quem trabalhei.

E quem começou cedo parou para me contar sobre o passado de celebridade. Um tom de melancolia e alegria de ter construído história em tenra idade me contagiou. Bom demais!

Que todos os que me ajudaram tenham o reconhecimento merecido e eternizado através deste livro.

Por fim, agradeço a Deus por me dar o talento necessário para transmitir meus conhecimentos e transformar a vida de muitas pessoas de uma forma maravilhosa.

Obrigada, obrigada, obrigada!!!

Colaboradores

CONSULTORIA

Alexandra Rodrigues, nutricionista
Dra. Adriana Vilarinho, dermatologista
Dr. Ailthon Takishima, cirurgião plástico
Dra. Gabriela Schneider, odontopediatra
Dr. Hélio Lanna, ortomolecular e homeopata
Dr. Marco Antonio de Tommaso, psicólogo
Dr. Mauro Fisberg, nutrólogo e hebiatra
Dr. Ubirajara Mangini, advogado

ENTREVISTAS COM PROFISSIONAIS

Advogados

Dra. Maria Cristina Kelm Dias
Dr. André Luiz Ramos de Oliveira
Dr. Antonio Carlos Malheiros, Coordenador da Infância e da Juventude do Tribunal de Justiça de São Paulo
Dr. Paulo Mariano (Direito de Imagem e Autoral)
Dr. Ubirajara Mangini

Agentes, empresários, managers, donos de agências de modelos e de atores e bookers

Acrisia Monteiro, fundadora da Três Tons
Alexandre Siqueira, responsável pela Ragazzo MGMT
Alessandra Durães, fundadora da agência mineira Gold Models
Aline Cintra, fundadora da Agência Cintra

Anderson Bonella, agente da Andy Models
Antônia Souza, fundadora da Winner
Carlos Alberto (Kabeto), agente
Cida Banin, fotógrafa, ex-agente e ex-diretora da Ford Kids
Conceição Araujo, diretora da Novos Talentos
Cynthia Zaninari, diretora da CZ
Dell Santhos, diretor da Sagarana
Eveline Duarte, criadora da agência Vila Models
Fernanda Gomes, booker da Dois Tons
Fifi Tong, diretora da Fifi Kids
Graça Fontoura, diretora da Tutti Modelli
Guilherme Fontoura, diretor da Tutti Modelli
Helder Dias, criador da HDA
Ieda Ribeiro, diretora da Tops em Ação e produtora de elenco
Irany Rosolini, criadora da agência Prytt (*in memoriam*)
Isabel, criadora da agência Kids
Manuela Assunção, criadora da Boneca de Pano
Mara Moraes, diretora da Tribo de Atores
Márcia Marques, diretora da Nini Casting
Márcia Pecci, diretora da Arte Bambini
Marleide Morais, fundadora da Désir
Nyna Azevedo, diretora da Alpha Kids
Pamela Andalaft, coordenadora da agência Fifi Kids
Patrícia Faria, booker da Três Tons
Regina Weyler, diretora da Fine Kids
Rosa Ramiro, diretora da Styllus
Thomas Aguilera, fundador da agência AZ Models
Vera Gomes, diretora da Dois Tons
Vera Souza, diretora da agência Guri & Guria

Artistas – mirins e ex-mirins (modelos e atores)

Alessandra Libardi
Aretha Marcos
Brenda Laurenti
Bruna Marquezine

Caio Regatieri
Carla Diaz
Eunice Baía
Gabriela Dell
Giovanna Vargas
Guillermo Hundadze
Isabelle Gallani
Ítalo Kortenhaus
Izabella Bicalho
Jackeline Petkovic
Jair Oliveira (Jairzinho), cantor
Julia Beneduzi
Julie Kei
Karyn Camosky
Lara Rodrigues
Luana Dandara
Luciana Mello, cantora
Mariana Gobi
Matheus Tayroni
Matheus Braga
Matheus Costa
Miguel Roncato
Milena Toscano
Norma Blum
Pedro Malta
Pedro Rossa
Rafaella Tanzillo
Rebeca Kethely
Rebeka Angel
Rodolfo Valente
Samantha Dalsoglio
Sâmia Maluf
Sarah Maciel
Thaiane Maciel
Thatiana Oleinik
Victoria Diniz

Yudi Tamashiro
Yuri Coin

Pais e mães

Adilson e Sandra Valente, pais do Rodolfo Valente
Beatriz e Fernando Augusto Rossetto, pais da Lívia Inhudes
Cláudio Castro, pai do Felipe Castro
Cris e Fábio Meirelles, pais do Valenttino
Cyla, mãe da Rebeka Angel
Darcilene Moreira, mãe da Ana Carolina
Deborah Hundadze, mãe do Guillermo Hundadze
Gicelda Gobi, mãe da Mariana Gobi
Gislene Gallani, mãe da Isabelle
Lia Yumi, mãe da Julie Kei
Luciana Coin, mãe do Yuri Coin
Jacqueline Meirelles, mãe da Bruna
José Armando Py Lagranha e Therese Sammut Lagranha, pais da Debby Lagranha
Patrícia Lopes, mãe da Rafaella Tanzillo
Priscila Oliveira, mãe da Hadja
Raquel, mãe da Rebeca Kethely
Regina, mãe da Giovanna Vargas
Reginalda e Johnson Diniz, pais da Victoria Diniz
Rita Rossa, mãe do Pedro Rossa
Priscila Braga, mãe do Matheus Braga
Vera Kortenhaus, mãe do Ítalo

Atores adultos

Caco Ciocler
Eliete Cigarini
Helga Nemeczyk

Diretores

Beto Silveira, diretor de teatro
Carlos Henrique Pimentel, diretor de teatro
Cininha de Paula, diretora de TV

Ivan Martins, diretor de teatro e preparador de atores mirins
Ulysses Cruz, diretor de TV e teatro

Instrutores de modelos e preparadores de elenco

Beto Silveira, ator, preparador de elenco e diretor teatral
Juliano Barone, ator, diretor teatral, arte-educador e diretor do Núcleo Educatho
Namie Wihby
Virginia Punko

Outros profissionais importantes

Andre Schiliró, fotógrafo
Dra. Miriam Tawill, psicanalista
Dr. Alberto Peribanez Gonzales
Edenir Vaz, organizadora de eventos
Fifi Tong, fotógrafa
Paula Marini, jornalista
Serapião, fotógrafo
Valter Lagoa, ex-assistente da preparadora de atores Fátima Toledo

Órgãos/Associações/Sindicatos

Adriana Caracciollo, ex-assistente do departamento jurídico do SATED SP
Betti Pinho, da diretoria auxiliar internacional do SATED RJ
Dra. Ismênia Paula Rosenitsch, advogada do SATED SP
Dr. José Antonio Groba, advogado do SATED SP
Jeam Pierre Kuhn, diretor do SATED SC
Lígia de Paula Souza, presidente do SATED SP
Mário Marcelo, ex-secretário-geral do SATED RJ
Paulo Roberto, funcionário do setor jurídico do SATED MT
Paulo Pompéia, ator e diretor de Capacitação Profissional do SATED SP
Sérgio Paula Souza, advogado que fez parte do departamento jurídico do SATED SP
Val Gomes, assistente administrativa do Departamento de Capacitação Profissional do SATED SP

Produtores

Claudia Silva, produtora de elenco
Leandro Lourenço, produtor de moda
Luciana Kfouri, produtora de elenco
Nazareth Amaral, produtora de moda
Rafael Myga, produtor de elenco

Publicitários e diretores de filmes

Alexandre Cruz
Caio Amaral
Gerda Thamm
Julio Xavier
Ricardo Gordo Carvalho
Wellington Amaral

Referências bibliográficas

ALMANAQUE da TV Globo, Editora Globo.

DICIONÁRIO da TV Globo, Programas de Dramaturgia e Entretenimento. v. 1. Jorge Zahar Editor, 2003.

GIOSA, Lívio. *As grandes sacadas de marketing do Brasil.* Editora SENAC, 2009.

LIBARDI, Margareth. *Profissão modelo* – em busca da fama. Editora SENAC.

NILSSON, Lennart. *Como nasce uma criança.*

PEREIRA, Glória Maria Garcia. *As personalidades do dinheiro* – como lidar com dinheiro de acordo com seu estilo pessoal. Campus, 2005.

RIXA. *Almanaque da TV* – 50 anos de memória e informação. Objetiva, 2000.

SOBRINHO, José Bonifácio de Oliveira. *50 anos de TV no Brasil.* Globo, 2000.

TAWILL, Miriam. *Mundo fashion* – modelos e bastidores. Celebris, 2005.

Publicações

Caras

IstoÉ

Meu Bebê

Pais & Filhos

Propaganda

Raça

Veja
Vogue Joias

Programas de TV

A Turma do Didi
Jô Soares
Carrossel Animado
Sítio do Picapau Amarelo
TV Xuxa
TV Globinho

Internet

Sites de moda, de modelos, atores e de agências de modelos
www.almanaquedacomunicacao.com.br
www.annegeddes.com
www.assuntodemodelo.com.br
www.bebejohnson.com.br
bloglog.globo.com/livianaragao
www.caras.com.br
www.conar.org.br
www.daquilapa.com.br
www.davidcardoso.com.br
www.desabafodemae.com.br
www.desir.com.br
www.estrela.com.br
www.fifikids.com.br
www.finekids.com.br
www.folha.com.br
www.giselebundchen.com.br
www.green.com.br
guiadobebe.uol.com.br
www.infantv.com.br
www.jnjbrasil.com.br
www.jnjbrasil.com.br/johnsonsbaby

www.johnsonsbaby.com.br
www.lararodrigues.tk
www.lennartnilsson.com
www.lilicaripilica.com.br
www.mktmais.com
www.mte.gov.br
www.mundomaisbonito.com.br
www.mutumofilme.com.br
www.recreio.com.br
revistacrescer.globo.com
revistapaisefilhos.uol.com.br
www.samanthadalsoglio.com.br
www.seufilhoevoce.com.br
sitio.globo.com
sofiaterra.blogspot.com
www.taina.com.br
www.terra.com.br
www.tjrj.jus.br/web/guest
www.tuttimodelli.com.br
www.vitrinepublicitaria.net
wikipedia.org
www.youtube.com/johnsonsbaby
www.yudi.com.br